Sabine Heüveldop · Das Wohlfühlbuch für Pferde

Sabine Heüveldop

Das Wohlfühlbuch für Pferde

Müller Rüschlikon

Impressum

Einbandgestaltung: Wolfgang Seidl
Titelbild: Sabine Heüveldop

Bildnachweis: Deutsche Homöopathische Union (S, 49 (2), S. 50 (1), S. 51 (1)); Stefanie Fuchs, Pferdeparadies Les Dannes (S. 12, 16); Freizeitreiter Königsfeld e.V. Birgit Hinz (S. 12, 13, 29); Hippomed (S. 77); Peters-Pictures.com, Hans Sieper (S. 60, 66, 67, 71); Jürgen Stroscher, www.stroscher-fotografie.de (S. 83, 84); Weinsberger Solargesellschaft (S. 87)
Alle übrigen Aufnahmen stammen von Sabine Heüveldop

Die Edelsteine im Kapitel *Edelsteintherapie* stammen aus der Sammlung von Jürgen Horn, Dorsten, der diese freundlicherweise für die Fotoaufnahmen zur Verfügung gestellt hat.

ISBN 3-275-01557-5
ISBN 978-3-275-01557-3

1. Auflage 2006

Sie finden uns im Internet unter www.mueller-rueschlikon-verlag.de

Lektorat: Claudia König
Innengestaltung: Sabine Heüveldop, Dülmen
Druck und Bindung: Fortuna Print Export, SK-85101 Bratislava
Printed in Slovac Republic

Inhalt

Einleitung

Naturheilkunde

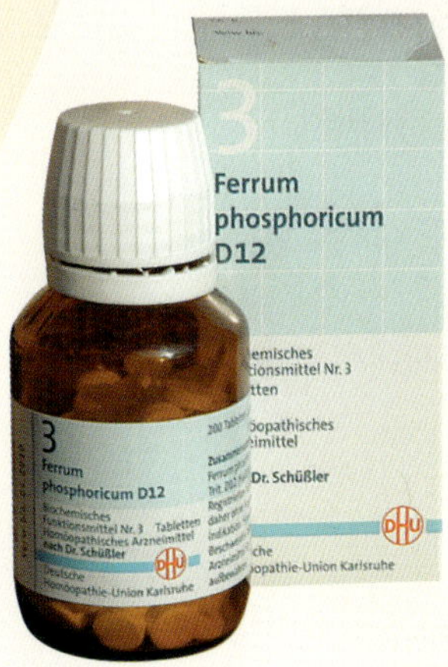

Stimulierende Anwendungen

Manuelle Methoden

Energetische Heilmethoden

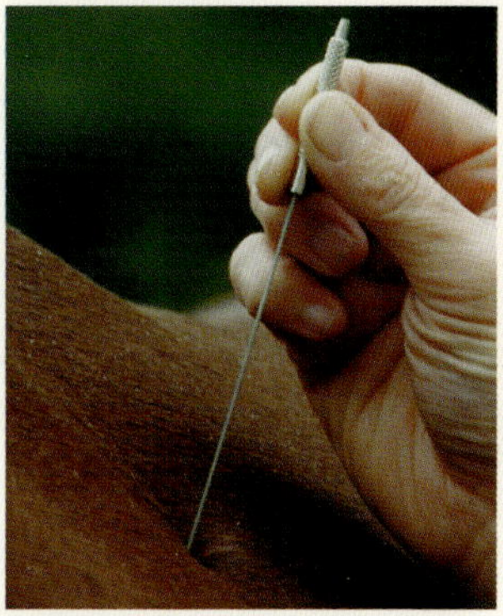

Anhang

Alle Angaben in diesem Buch wurden nach bestem Wissen und Gewissen gemacht. Sie entbinden den Pferdehalter nicht vor der Eigenverantwortung für sein Tier. Für einen eventuellen Missbrauch der Informationen in diesem Buch können weder die Autorin noch der Verlag oder die Vertreiber des Buches zur Verantwortung gezogen werden. Eine Haftung für Personen-, Sach- und Vermögensschäden ist ausgeschlossen.

Der Deutsche Wellness Verband (DWV) definiert Wellness als eine »aktive Gesundheitsstrategie«.

Wellness im Trend – auch für Pferde?

Wellness, Antiaging und Fitness sind die Schlagworte, wenn es um das Thema Wohlfühlen geht. Wir walken und joggen, fasten und entspannen. Das Wellness-Angebot ist riesig, der Markt für Wellness-Produkte boomt und wir greifen zu und machen mit.

Der Alltag vieler Menschen ist geprägt von langem Sitzen, wenig Bewegung, viel Stress und falscher Ernährung. Die Folge: Unwohlsein, Leistungsschwäche, Müdigkeit und Übergewicht. Geraten Körper und Geist aus dem Lot, bleiben Lebensfreude und Leistungsfähigkeit auf der Strecke.

Gegen diese Zustände tritt die Wellness-Fraktion an. Immer mehr Menschen beschäftigen sich mit einer bewussten Ernährung, werden aktiv und versuchen, mit kleinen Auszeiten und Wohlfühlmaßnahmen dem stressigen Alltag zu entfliehen. So gestärkt lassen sich Stress-Situationen besser verkraften, wir fühlen uns leistungsfähiger und ausgeglichener.

Sie fragen, was das mit unseren Pferden zu tun hat? Betrachten wir die veränderten Lebensbedingungen, lassen sich durchaus Parallelen finden: Die Lebensumstände unserer Pferde haben sich mit der Domestizierung grundlegend verändert. Meist sind die Bewegungsmöglichkeiten deutlich eingeschränkt, die Ernährung muss den veränderten Anforderungen angepasst werden und zudem sind die Pferde weitaus öfter Stress-Situationen ausgesetzt als in ihrer natürlichen Umgebung. Geblieben sind aber ihre Grundbedürfnisse nach Licht, frischer Luft, Bewegung, einer artgerechten Ernährung und Sozialkontakten (s. Grafik Seite 12/13).

Der größte Unterschied zum Leben in freier Wildbahn ist sicher, dass der Alltag des Pferdes im Prinzip komplett durch den Menschen gesteuert wird. Der Mensch bestimmt nicht nur den Tagesablauf, sondern den gesamten Lebensweg; er entscheidet, ob das Pferd ein Freizeitpartner, Turnierpferd, Arbeits- oder Zuchttier wird. Damit liegt es auch in der Verantwortung des Menschen, dem Pferd solche Lebensbedingungen zu bieten, dass es sich wohlfühlt. Denn Harmonie von Körper und Psyche ist der Schlüssel zu Gesundheit und Wohlbefinden.

Zusätzlich zu einem ausgereiften Fütterungsmanagement, optimalen Trainingsmethoden und hervorragenden veterinärmedizinischen Versorgungsmöglichkeiten ist es den Pferdehaltern oftmals ein Anliegen, dem Pferd darüber hinaus etwas Gutes zu tun, was gesundheitsfördernd ist und oftmals auch die Bindung zwischen Mensch und Tier stärkt, wenn man beispielsweise an den intensiven Kontakt bei einer Massage denkt.

Das Angebot im Reha-, Wellness- und Fitnessbereich ist inzwischen auch für Pferde enorm. Von den einfach anzuwendenden Wohlfühlmaßnahmen über gezielte therapeutische Angebote bis zum Aufenthalt in einem der zahlreichen Rehazentren, wo Pferde quasi in Kururlaub gehen können und rundum betreut werden.

Vielfach nutzen Therapeuten und Pferdebesitzer altbewährte natürliche Methoden zur Unterstützung der körperlichen Gesundheit und seelischen Ausgeglichenheit des Pferdes.

Methoden und Meinungen

Die Reihe der Möglichkeiten und Methoden zur Erhaltung und Förderung von Wohlbefinden und Gesundheit ist lang. Bei allen Unterschieden in der Diagnose und den Heilmethoden sowie in den verschiedenen Konzepten verschiedener Therapieeinrichtungen ist das Ziel jedoch gleich: Die Vitalität der Pferde zu unterstützen, ihre Fitness zu fördern und die Rekonvaleszenszeit nach Krankheiten zu verkürzen.

Die Sammlung in diesem Buch gibt einen Einblick in die verschiedenen Behandlungsformen. Viele sind uns aus dem Humanbereich geläufig. Manche, wie die Homöopathie oder Akupunktur, werden längst auch in der Veterinärmedizin akzeptiert und auch dort häufig eingesetzt. Andere Möglichkeiten dagegen werden vielleicht etwas erstaunt oder sogar skeptisch zur Kenntnis genommen. Der Saunagang für Pferde oder die Edelstein- und Farbtherapie gehören sicher eher zu den weniger bekannten Wellness-Angeboten.

Nicht alle Verfahren, die in der Praxis durchaus auch mit Erfolg eingesetzt werden, sind wissenschaftlich bewiesen. Als Pferdebesitzer müssen Sie manchmal ganz individuell herausfinden, was Ihrem Pferd gut tut und auf welche Behandlung es besonders gut anspricht. Lassen Sie sich beim Lesen dieses Buches von Ihrer Intuition leiten. Wenn Sie die ein oder andere vorgestellte Maßnahme besondes anspricht, sollten Sie diese ausprobieren oder sich mit einem entsprechenden Therapeuten in Verbindung setzen. Die aufgeführten Adressen im Serviceteil können Ihnen helfen, die richtigen Ansprechpartner zu finden.

Alle Informationen und Anleitungen dürfen nicht darüber hinwegtäuschen, dass das Pferd mit einer ernsthaften Erkrankung immer in die Hände eines Tierarztes oder ausgebildeten Tierheilpraktikers gehört. In solchen Fällen ist von einer Selbstbehandlung dringend abzuraten. Schwerpunkt der Informationen und Praxistipps sind daher

Der fürsorgliche Umgang mit dem Pferd fördert Vertrauen und Wohlbefinden.

die Maßnahmen, die Gesundheit erhalten und das Wohlbefinden fördern.

Und so schließt sich der Kreis: Aus eigener Erfahrung wissen wir, dass wir nur Leistung erbringen können und Spaß an der Arbeit haben, wenn wir gesund und fit sind – unseren Pferden geht es da kaum anders ...

Pferd bleibt Pferd

Die Wellness-Maßnahmen sind unumstritten eine wertvolle Ergänzung im Gesundheitsmanagement der Pferde. Wohlfühlen beginnt aber bereits bei der Haltung und dem täglichen Umgang mit dem Pferd, auch das soll nicht unerwähnt bleiben. Werden die Grundbedürfnisse des Pferdes nach Licht, frischer Luft, Bewegung und sozialen Kontakten erfüllt, ist das schon ein großer Schritt in Richtung körperlicher und seelischer Fitness.

Wohlbefinden und Spaß an der Arbeit sind eine Voraussetzung für die Leistungsfähigkeit von Pferd und Reiter.

Pferde können die natürlichen Temperaturschwankungen gut ertragen. In einem Stallklima, das bei gutem Luftaustausch mehr oder weniger den Außentemperaturen folgt, werden sie sich wohl fühlen. Wichtig sind soziale Kontakte.

Damit sich das Lauftier Pferd ausreichend bewegen kann, müssen ihm ausreichend Bewegungsmöglichkeiten geboten werden, um nur einige Aspekte zu nennen. Denn trotz aller Anpassung in menschlicher Obhut darf nicht vergessen werden: Das Pferd bleibt Pferd mit all seinen Bedürfnissen (siehe Grafik S. 12/13).

Frischluftler

Pferde sind an das Leben an der frischen, trockenen Luft angepasst.

Klimawiderständler

Der Organismus des Pferdes kann sich natürlichen Temperaturschwankungen hervorragend anpassen.

Wächter

Als Fluchttier hat das Pferd feinste Sinnesorgane und ein blitzschnelles Reaktionsvermögen.

Lauftier

Freilebende Pferde legen am Tag bis zu 25 Kilometer zurück, um Futter- und Schlafplätze sowie Tränken aufzusuchen.

Dauerfresser

Unter natürlichen Lebensbedingungen sind Pferde etwa 16 Stunden täglich mit der Nahrungsaufnahme beschäftigt.

Herdentier

Pferde leben in Familienverbänden und haben ausgeprägte soziale Bedürfnisse und Strukturen.

nach Hanns Ullstein jun.

Naturheilkunde

Die Palette der Methoden, die das Wohlbefinden der Pferde steigern und ihre Gesundheit erhalten können, ist groß. Eine Auswahl der Maßnahmen und Möglichkeiten finden Sie im folgenden Kapitel.

Gutes aus der Natur

Krankheiten behandeln, Gesundheit erhalten

»Alles, was in der Natur geschieht, geschieht richtig.«

Epiktet, um 50 v. Chr., griech. Philosoph

Die Einstellung zum Körper mit seinen Funktionen und damit auch zu dessen Störungen und Erkrankungen hat sich im Laufe der Zeit grundlegend verändert. Der Fortschritt in Hinblick auf eine zunehmende Technisierung mit ausgefeilten Hightech-Instrumenten und einem unendlich scheinenden Arsenal an Pharmaprodukten brachte zusätzliche Behandlungsmöglichkeiten. In diesem Entwicklungsprozess Mitte des 19. bis Mitte des 20. Jahrhunderts geriet aber das Verständnis für den Körper,

seine Funktionen und Zusammenhänge und damit auch für seine Erkrankungen mehr und mehr in Vergessenheit. Therapiert wurden zunehmend die Symptome der Krankheiten. Den Ursachen und Zusammenhängen im Körper wurde immer weniger Beachtung geschenkt, dieses gilt gleichermaßen für die Human- als auch für die Veterinärmedizin.

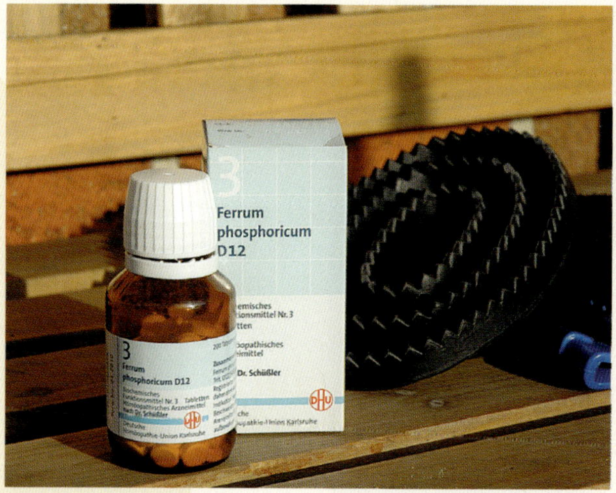

Viele Behandlungen aus dem Spektrum der Naturheilkunde haben bereits Einzug im Pferdestall gehalten.

Mit den erreichten Erfolgen und einer zunehmenden Forderung nach sanften Heilmethoden setzte in den letzten zwei Jahrzehnten ein Umdenken ein. Vermehrt tritt wieder eine ganzheitliche Betrachtung des Körpers bei Mensch und Tier in den Vordergrund. Dabei wird auch das Umfeld mit einbezogen sowie Umwelteinflüsse und Haltungsbedingungen berücksichtigt, die oft der Schlüssel zu gesundheitlichen Problemen sind. Denn im Sinne der naturheilkundlichen Heilmethoden werden alle Zusammenhänge im Körper betrachtet; Gesundheit als Harmonie von Körper und Psyche gesehen.

Diese Harmonie kann durch äußere oder innere Einflüsse gestört werden. Frühzeitig erkannt, können diese behandelt werden, bevor klinische Krankheitsbilder sichtbar werden. Durch die naturheilkundliche Behandlung soll der Körper angeregt werden, seine natürliche Ordnung wieder herzustellen und ein Gleichgewicht zu finden.

Die Naturheilkunde ist also nicht nur für die Behandlung von Krankheiten, sondern in erster Linie für die Prophylaxe und Früherkennung zuständig. Aus gutem Grund flüchtete im alten China der Leibarzt des Kaisers, sobald dieser ernstlich erkrankte. Der Arzt hatte in seiner Kunst versagt und musste aus diesem Grund um sein Leben fürchten ...

Bach-Blütentherapie

Jeder körperlichen Erkrankung geht eine Störung des seelischen Gleichgewichts voraus. Dies ist der Grundgedanke der Bach-Blütentherapie, die auf den Entdeckungen des englischen Immunologen, Homöopathen und Philosophen Dr. Edward Bach beruht. Er lebte in der Zeit von 1886 bis 1936, und die nach ihm benannte Bach-Blütenbehandlung wird heute als eine natürliche, sanfte Behandlungsmethode geschätzt. Sie wird eingesetzt, um seelisches Ungleichgewicht zu beheben, aber auch zur ergänzenden Behandlung von körperlichen Erkrankungen.

Nach Auffassung von Edward Bach gliedert sich die menschliche Psyche in 38 negative Seelenzustände. Diesen Gemütslagen entsprechend fand Bach 38 mitteleuropäische Pflanzen, die den ihr zugehörigen negativen Seelenzustand positv beeinflussen.

Ziel jeder Behandlung ist es, das seelische Ungleichgewicht mit Hilfe von Blütenessenzen zu harmonisieren.

Bach-Blütenanwendung in der Pferdetherapie

Edward Bach zeichnete sich durch sehr gute Menschenkenntnis aus. Er war aber kein Veterinär, und es gibt keine überlieferte Literatur, nach der er Blüten am Tier angewendet hatte, abgesehen von der Geschichte mit dem kleinen weißen Pony, das von Bach kurz vor dem Sterben durch das Einflößen einer Bach-Blütenmischung geheilt wurde. Es ist allerdings nicht bekannt, welche Blüten angewendet wurden.

Im Gegensatz zu Mensch, Hund oder Katze, ist das Pferd ein Vegetarier und Fluchttier. Aggressive Eigenschaften wie Habgier oder Grausamkeit können auf das friedfertige, Pflanzen fressende Herdentier nicht angewendet werden. Für eine erfolgreiche Therapie müssen die Blütenbeschreibungen und Mischungen daher gewissenhaft überdacht werden.

Ein Beispiel: Das Pferd ist von Natur aus nicht aggressiv. Aggressive Verhaltensweisen gegenüber dem Reiter resultieren häufig aus Angst und Überforderung. Ein Pferd, das schlägt und sich gegen die Reiterhilfe wehrt, ist nicht böse, sondern wahrscheinlich verunsichert und hat im schlimmsten Fall Schmerzen. Die Bach-Blütenwahl für diesen Patienten sollte also eher stärkende und aufbauende Blüten enthalten, statt unterdrückende Pflanzen.

1981 wurde die Bach-Blütentherapie in den deutschsprachigen Ländern von Mechthild Scheffer eingeführt und von ihr systematisch ausgebaut.

Die Bach-Blütenessenzen

Edward Bach ordnete seine 38 Blüten in sieben Hauptgruppen ein, die unterschiedlichen Gemütszuständen entsprechen. Diese Einteilung hat sich auch in der Veterinärmedizin bewährt, da sie einen sinnvollen Überblick gewährt und besonders dem Einsteiger die Auswahl der Blüten erleichtert.

Dem Tierbesitzer fällt es unter Umständen schwer, Emotionen seines Pferdes genau zu differenzieren. Pferde mit Unsicherheit, Angst oder Panik werden beispielsweise oft als hysterisch, nervig oder bescheuert beschrieben. Die nachfolgende Übersicht benennt kurz die Formulierung der Emotion nach Bach, die auf den Menschen zutrifft und zeigt ein Beispiel für die Anwendung am Pferd.

Bei einem Spaziergang können Reiter und Pferd mal die Seele baumeln lassen.

Für eine Gebrauchsmischung gibt man von jeder ausgewählten Blütenessenz je 1 Tropfen auf je 10 ml Wasser.

Die Bachblüten

und Leitsymptome als Beispiel für ihren Einsatz beim Pferd

1. Agrimony (Kleiner Odermeninnig)

Bach: Für alle, die gute Miene zeigen, um Streit zu vermeiden.
Beispiel Pferd: Häufig Pferde, die wohl gelaunt den Anforderungen des Reiters folgen, durch Überbelastung aber nervös und ruhelos werden.

2. Aspen (Zitterpappel)

Bach: Unbestimmte, allgemeine Ängste.
Beispiel Pferd: Pferde, die sich ohne offensichtlichen Grund ängstigen und verkrampfen.

3. Beech (Buche)

Bach: Für jene, die an anderen die Schwachstellen erkennen und sofort mit Kritik reagieren.
Beispiel Pferd: Gewitzte Pferde, die schnell Fehler erkennen und immer wieder versuchen, ihre Position in der Herde oder gegenüber dem Reiter zu verbessern.

Beech

4. Centaury (Tausendgüldenkraut)

Bach: Für jene, die überängstlich dienen und dabei ihre Kraft überschätzen.
Beispiel Pferd: Dies gilt für Pferde, die sich zu sehr unterordnen und aufgrund des dadurch entstehenden Stress krank werden.

5. Cerato (Bleiwurz)
Bach: Man hat kein Selbstvertrauen, vertraut seiner eigenen Meinung nicht und verlässt sich auf die Ratschläge anderer.
Beispiel Pferd: Pferde, denen nur mit konstanter Unterstützung des Reiters eine Lektion gelingt.

6. Cherry Plum (Kirschpflaume)
Bach: Man steht unter enormem Druck und hat Angst durchzudrehen.
Beispiel Pferd: Für manche Pferde in bestimmten Trainingsphasen, z.B. beim Lernen von fliegenden Galoppwechseln oder Piaffen.

Chestnut Bud

7. Chestnut Bud (Kastanienknospe)
Bach: Diejenigen, die aus Erfahrungen nicht lernen.
Beispiel Pferd: Pferde, die immer wieder die gleichen Fehler machen.

8. Chicory (Zichorie)
Bach: Man korrigiert ständig, um die Dinge in Ordnung zu bringen.
Beispiel Pferd: Bei ständig treibenden Pferden in einer Herde.

Chicory

9. Clematis (Gemeine Waldrebe)
Bach: Für Tagträumer und Schläfrige.
Beispiel Pferd: Für träge, an ihrer Umwelt desinteressierte Pferde.

10. Crab Apple (Holzapfel)
Bach: Es ist das Heilmittel, das zur Reinigung dient und das innere Ordnungsprinzip herstellt.
Beispiel Pferd: Als Begleitblüte für alle ausleitenden Prozesse bei Stress und Erkrankungen.

Crab Apple

11. Elm (Ulme)
Bach: Man glaubt, obwohl man gut arbeitet, seiner Aufgabe nicht gewachsen zu sein.
Beispiel Pferd: Unauffällige Pferde, die immer folgsam gelernt haben, deren Leistungen aber nicht entsprechend gewürdigt und gelobt werden.

12. Gentian (Bitterer Enzian)
Bach: Für jene, die rasch entmutigt sind.
Beispiel Pferd: Pferde, deren Selbstvertrauen unterstützt werden muss, um Lektionen auszuführen.

13. Gorse (Stechginster)
Bach: Für die Hoffnungslosen und Resignierten.
Beispiel Pferd: Pferde, die durch häufigen Besitzerwechsel oder lange Erkrankung resigniert haben.

14. Heather (Schottisches Heidekraut)
Bach: Für jene, die keine Einsamkeit ertragen und fortwährend anderen ihre Probleme mitteilen müssen.
Beispiel Pferd: Pferde, die aufdringlich die Aufmerksamkeit des Reiters einfordern.

Heather

15. Holly (Stechpalme)
Bach: Für jene, die eifersüchtig, neidisch und rachsüchtig sind.
Beispiel Pferd: Für Pferde, die Artgenossen aus Eifersucht überraschend angreifen.

16. Honeysuckle (Geißblatt)

Bach: Man lebt in Gedanken in der Vergangenheit.
Beispiel Pferd: Pferde, die nach einem Besitzerwechsel in der neuen Umgebung träge werden oder nicht fressen.

17. Hornbeam (Hainbuche)

Hornbeam

Bach: Man glaubt, den Alltag nicht meistern zu können. Montagmorgenblüte. Es fehlt die innere Spannkraft.
Beispiel Pferd: Geistige Erschöpfung von Pferden, die über einen längeren Zeitraum Leistung ohne Ruhepause erbracht haben.

18. Impatiens (Drüsentragendes Springkraut)

Bach: Für jene, die rasch denken und handeln und ungeduldig mit langsameren Mitmenschen sind.
Beispiel Pferd: Dominante, ungeduldige Pferde, die zu überschießenden Reaktionen anderen Pferden gegenüber neigen.

Impatiens

19. Larch (Lärche)

Bach: Für jene, die sich für weniger fähig halten.
Beispiel Pferd: Dies betrifft Pferde, mit wenig Selbstvertrauen.

20. Mimulus (Gefleckte Gauklerblume)

Bach: Man hat Angst vor bestimmten Dingen oder Situationen.
Beispiel Pferd: Pferde, die einen Wassergraben nicht mehr springen oder Angst vor der Tierarztbehandlung zeigen.

Mustard

21. Mustard (Ackersenf)

Bach: Man ist in Traurigkeit befangen, die geht und kommt.
Beispiel Pferd: Pferde, die ohne erkennbaren Grund an manchen Tagen niedergeschlagen wirken.

22. Oak (Eiche)

Bach: Jene, die immer kämpfen, unbeirrt ob Krankheit und Schwierigkeiten. Sie gehen mit dem Kopf durch die Wand.
Beispiel Pferd: Für starke, entschlossene Pferde, die den Reiter überhören und für Pferde, die schwer erkrankt sind, aber starken Lebenswillen zeigen.

Oak

23. Olive (Olivenbaum)

Bach: Völlige geistige und körperliche Verausgabung.
Beispiel Pferd: Kranke Pferde nach zu frühem Leistungseinsatz im Turniersport.

24. Pine (Schottische Föhre)

Bach: Für jene, die immer die Schuld bei sich suchen.
Beispiel Pferd: Pferde, die den Eindruck der Unterdrückung machen, obwohl sie gelobt werden.

25. Red Chestnut (Rote Kastanie)

Bach: Man sorgt sich um andere, die einem nahe stehen.
Beispiel Pferd: Mutterstuten, die überängstlich ihr Fohlen betreuen.

Red Chestnut

26. Rock Rose (Gemeines Sonnenröschen)
Bach: Allgemeine Panik bis zur Bewusstlosigkeit.
Beispiel Pferd: Wenn das Pferd beispielsweise in der Box festliegt.

27. Rock Water (Quellwasser)
Bach: Für jene, die große Selbstdisziplin ausüben und hart gegen sich selbst sind.
Beispiel Pferd: Manche Pferde, die unterschiedlichen Anforderungen nicht flexibel folgen können und mit Starrheit reagieren.

28. Scleranthus (Einjähriger Knäuel)
Bach: Man schwankt innerlich zwischen zwei Alternativen hin und her.
Beispiel Pferd: Pferde ohne definierten Platz in der Herde.

29. Star of Bethlehem (Goldiger Milchstern)
Bach: Für jene, die ein Schockerlebnis noch nicht verarbeitet haben.
Beispiel Pferd: Für alle Pferde nach Unfällen und Situationen, die Schock und Panik hervorgerufen haben.

Star of Bethlehem

30. Sweet Chestnut (Edelkastanie)
Bach: Jene, die keinen Ausweg mehr sehen und bis zum äußersten Rand der Belastbarkeit getrieben sind.
Beispiel Pferd: Pferde, die aufgrund ihres Exterieurs und ihrer mäßigen Gangarten den Anforderungen einer höheren Ausbildung nicht folgen können.

31. Vervain (Eisenkraut)

Bach: Man ist willensstark, hat fixe Ideen und den großen Wunsch, andere zu bekehren.
Beispiel Pferd: Bei sehr dominaten, schwer zu regulierenden Hengsten (selten).

32. Vine (Weinrebe)

Bach: Für selbstsichere, befähigte Menschen, die schulmeistern.
Beispiel Pferd: Für Pferde, die in ihrem Verhältnis zu ihrem Besitzer die Oberhand erhalten haben.

33. Walnut (Walnuss)

Bach: Für jene, denen der Neuanfang und Veränderungen schwer fallen.
Beispiel Pferd: Walnut wird beim Pferd als Stärkungsblüte zur Unterstützung bei allen Veränderungen, wie Stall- oder Besitzerwechsel, und Veränderungen in der Herde eingesetzt.

34. Water Violet (Sumpfwasserfeder)

Bach: Für jene, die gerne allein sind und keine anderen Menschen brauchen.
Beispiel Pferd: Unnahbare Pferde, die kein Interesse an anderen Pferden oder Menschen zeigen.

White Chestnut

35. White Chestnut (Roßkastanie)

Bach: Man hat den Kopf voller unerwünschter Gedanken und kann sie nicht abstellen.
Beispiel Pferd: Pferde, die schnell begreifen, aber rasch unaufmerksam und gleichgültig werden.

36. Wild Oat (Waldrespe)

Bach: Für jene, die ehrgeizig sind, aber keine klare Zielvorstellung für ihr Leben finden und dadurch unzufrieden sind.
Beispiel Pferd: Ehrgeizige Pferde, deren Bewegungsdrang eingeschränkt wird und die dadurch zu Unarten neigen.

37. Wild Rose (Heckenrose)

Bach: Völlige Gleichgültigkeit ohne Grund.
Beispiel Pferd: Pferde, die ohne erkennbare Ursache apathisch wirken.

38. Willow (Weide)

Bach: Man verarbeitet ein Missgeschick nicht und wird verbittert.
Beispiel Pferd: Für Pferde, die nach Unfällen oder langen Klinikaufenthalten zuückgezogen und weniger kontaktfreudig sind.

Willow

nach Dr. med. vet. Ina Gösmeier

Rescue

Außer den 38 Bach-Blüten gibt es eine Mischung aus fünf Blütenessenzen, die sich in Notfallsituationen bewährt haben. Diese Notfalltropfen (Rescue Remedy) sind wohl die bekanntesten und am häufigsten eingesetzten Bachblüten.

Die Mischung besteht aus den Blüten:

- Cherry Plum – bringt Entspannung
- Clematis – regt den Willen an, gesund zu werden
- Impatiens – fördert die Geduld
- Rock Rose – behebt Nervosität
- Star of Bethlehem – löst Schockblockaden

Rescue wird meist verabreicht, um Aufregung, Angst und Schockzustände nach einem Unfall zu lindern oder als Akuthilfe bei Prellungen, leichten Schmerzen und kleineren Verletzungen. Nervöse, ängstliche Pferde unterstützen die Tropfen aber auch beim Turnierbesuch oder wenn sie ungwohnter Weise alleine bleiben müssen. Dabei wirken die Tropfen nicht sedierend, sondern beruhigen und harmonisieren die aufgewühlte Gemütslage. Der Einsatz von Rescue ist aber lediglich eine Erste-Hilfe-Maßnahme.

Um den Stress, den das Pferd bei einer Hängerfahrt empfindet, zu lindern, können nervöse Pferde vor Antritt der Fahrt Rescue bekommen.

Um längerfristig auf spezielle Verhaltensprobleme Einfluss zu nehmen, muss für das einzelne Pferd eine individuelle Blütenmischung gefunden werden. Diese Mischung sollte, so die Erfahrung aus der Praxis, nicht mehr als fünf Blütenessenzen beinhalten.

Um die optimale Bach-Blütenkombination zu finden, bedarf es der Erfahrung eines Therapeuten, nicht zuletzt, weil wie anfangs beschrieben die Charakterisierung des Menschen nicht 1:1 auf das Pferd übertragbar ist. Die Verabreichung der Tropfen ist allerdings problemlos und erfolgt über den Besitzer.

Anwendung der Bach-Blütenessenzen

Gebrauchsfertige Bach-Blütenmischungen kann man in der Apotheke herstellen lassen. Wer die Bach-Blüten für sein Pferd individuell mischen möchte, kauft so genannte »stock bottles« mit den Essenzen und gibt einen Tropfen jeder ausgewählten Blütenessenz aus der »stock bottle« auf je 10 ml Wasser.

Sinnvoll ist das Abfüllen von 100 ml. Tropfen können direkt unter die Zunge des Pferdes getropft oder in etwas Flüssigkeit verabreicht werden.

Blutegeltherapie

Das Wort *Egel* stammt nicht, wie vielleicht nahe liegend, von Ekel, sondern leitet sich von dem griechischen Wort *echis* ab, was so viel bedeutet wie kleine Schlange.

Die Blutegeltherapie ist eine alte Heilmethode, die in der naturheilkundlichen Medizin in den vergangenen Jahren wieder populär wurde. Das Wort Egel stammt nicht, wie vielleicht nahe liegend, von Ekel, sondern leitet sich von dem griechischen Wort echis ab, was so viel bedeutet wie kleine Schlange.

Der medizinische Blutegel ist als Ringelwurm mit dem Regenwurm verwandt. Er hat einen ovalen Querschnitt, der sich an den beiden Körperenden verkleinert. An beiden Enden befindet sich jeweils ein Saugnapf. Der hintere dient lediglich zum Festhalten. Der Saugnapf vorne beinhaltet die Mundöffnung. Im Mund liegen drei Kiefer, die ca. 80 Kalkzähnchen haben. Der abgeflachte Körper besteht aus 33 Segmenten. Der Rücken ist dunkelgrün und hat an beiden Seiten je drei braune Längsstreifen. Blutegel sind in flachen Teichen und langsam fließenden Gewässern mit gleich bleibendem Wasserpegel zu finden. Heute verwendet man zur Therapie Tiere, die aus streng überwachten Zuchten in Deutschland oder der Türkei stammen.

Therapie auf den ersten Biss

Die Blutegeltherapie gehört zu den so genannten Ausleitungsverfahren und ist vergleichbar mit einem kleinen Aderlass, nur viel sanfter. In der Tiermedizin werden die Egel vor allem bei Erkrankungen des Bewegungsapparates eingesetzt, zur Schmerzlinderung und Entzündungshemmung. Die Behandlung von schlecht heilenden Wunden oder Hämatomen kann durch den Einsatz von Blutegeln ebenfalls sinnvoll unterstützt werden. Ihre Handhabung erfordert ein gewisses Maß an Geduld und Einfühlungsvermögen.

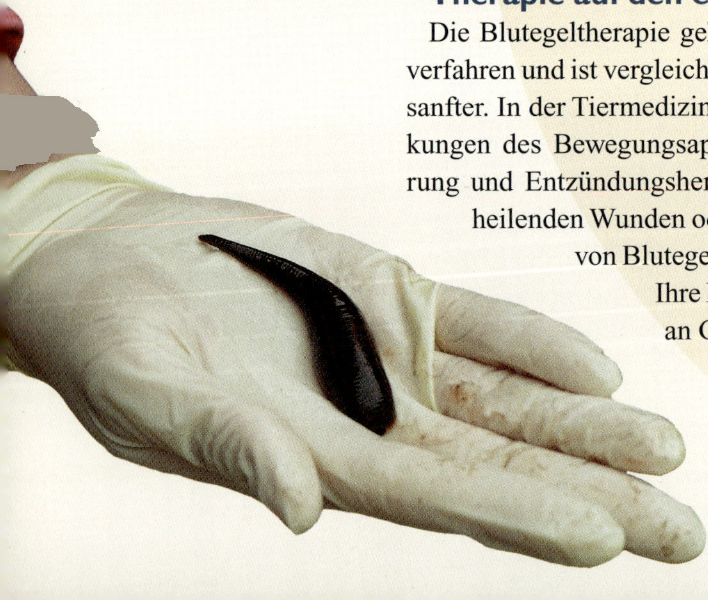

Die kleinen Würmer sind sensibel. Sie mögen weder Lärm noch grelles Licht, größere Erschütterungen oder strenge Kälte können ebenfalls dazu führen, dass die Egel in den »Hungerstreik« treten, sprich ihren Patienten die heilenden Bisse verweigern. Doch erst mit dem Biss beginnt die therapeutische Wirkung.

Die gewünschte Biss-Stelle wird vor dem Ansetzen der Egel rasiert und die Ansatzstelle mit klarem Wasser gereinigt, um den Egeln das Anbeißen zu erleichtern. Wenn der Wurm mit seinem hinteren Saugnapf Halt gefunden hat, sucht er mit dem vorderen Saugnapf eine günstige Stelle zum Saugen.

Mit den drei sternförmig angeordneten Sägeleisten, die jeweils mit winzigen Kalkzähnen ausgestattet sind, beißt sich der Egel in die Haut und beginnt, das Pferdeblut zu trinken.

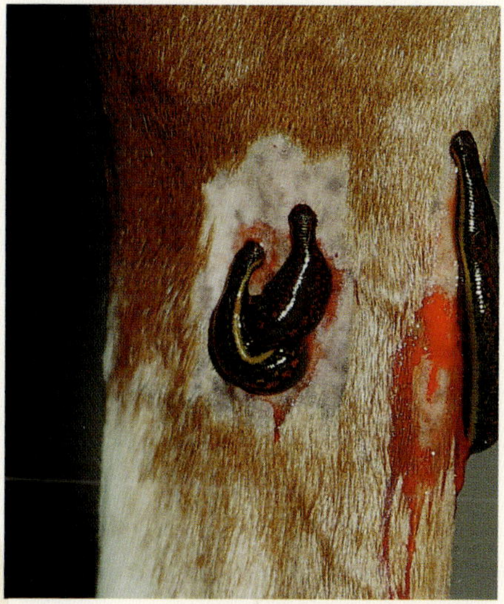

Machen auf den ersten Blick nicht unbedingt einen heilenden Eindruck: Blutegel im Einsatz.

Der Biss selber ist vergleichbar mit einem Insektenstich, hängen die Egel einmal fest, bereitet das den Pferden keine Schmerzen und wird gut toleriert. Freiwillig verlässt der Egel seinen Wirt erst wieder, wenn er richtig satt ist, so etwa nach einer halben Stunde. Bis zu 15 ml Blut hat der etwa 5–10 cm lange Wurm in dieser Zeit aufgenommen und lässt sich danach einfach fallen.

Die Wirkung

Auf den ersten Blick wirkt die etwas blutige Prozedur wenig heilend. In feinen Rinnsalen läuft das Blut aus den kleinen Wunden. Die Gerinnungshemmung ist aber ein Geheimnis des heilenden Speichelcocktails und durchaus gewünscht. Wissenschaftler haben im Speichel des Blutegels bislang 18 hochwirksame Komponenten gefunden. Der bekannteste Wirkstoff ist das Hirudin, das die Blutgerinnung hemmt und so die Fließeigenschaft des Blutes verbessert. Zudem hat das Hirudin eine antibiotische Wirkung.

Der Speichel des Egels beschleunigt zudem den Lymphstrom und sorgt für eine Entstauung und Entschlackung gestauter Entzündungsgebiete und somit für eine Schmerzlinderung.

Blutegel sollten nicht eingesetzt werden bei Tieren mit: schwerer Anämie, Immunschwäche, Wundheilungsstörungen, oder Tieren, die gerinnungshemmende Medikamente bekommen.

Die therapeutische Wirkung beruht aber nicht nur auf der Wirkung des Speichels. Auf Grund der gerinnungshemmenden Wirkung kommt es nach Abfallen des Egels zu einer Nachblutung als Sickerblutung, die beim Pferd etwa 12 Stunden andauern kann und möglichst nicht unterbrochen werden sollte. Die Nachblutung bewirkt eine Reinigung der Wunde und ist wesentlicher Bestandteil der Therapie, da die heilende Wirkung durch den entstauenden Effekt der Nachblutung verbessert wird. Zum Schutz vor Infektionen wird die Wunde nach dem Abfallen der Egel verbunden.

Ein großer Vorteil der Blutegelbehandlung gegenüber einer medikamentösen Behandlung liegt sicher darin, dass innere Organe wie Leber, Niere und Herz nicht belastet werden. Daher ist die Therapie auch bei älteren Tieren sehr gut anwendbar.

Blutegel

werden beim Pferd eingesetzt bei:

- akuter Rehe
- Satteldruck
- Fesselträgerentzündungen
- Arthritis
- Arthrose
- Spat
- Omarthrose (Schultergelenkserkrankung)
- Podotrochlose (Hufrollenerkrankung)
- Kniegelenksarthrosen
- Schale
- Abszessen
- Furunkeln/Karbunkeln
- Tendinitis (Sehnenentzündung)
- Gelenkgallen

Homöopathie

Viel hilft viel – dieser Gedanke trifft so gar nicht auf dieses Heilverfahren zu. Die Erfahrung hat gezeigt, dass die richtige homöopathische Arznei nur in ganz geringer Dosierung und nur so lange eingenommen werden muss, bis der Körper darauf reagiert. Außerdem lassen Homöopathen einem Mittel Zeit, damit es wirken kann.

Ebenfalls ungewohnt: Homöopathie funktioniert nicht nach dem uns oft so vertrauten Prinzip: »Bei Krankheit X hilft Mittel Y«. Die homöopathische Behandlung wird ganz individuell auf alle Beschwerden jedes einzelnen Patienten abgestimmt. Sachkundig angewendet stärkt sie dessen Abwehr- und Selbstheilungskräfte. Die Homöopathie ist eine so genannte Regulationstherapie, die Selbstheilungskräfte des Organismus aktivieren kann.

Homöopathische Arzneien werden nach der so genannten Ähnlichkeitsregel verordnet: *Similia similibus curentur*, was bedeutet: Ähnliches werde durch Ähnliches geheilt. Für die Praxis bedeutet das, dass in der Homöopathie einem Patienten eine Arznei in ganz-

Belladonna – die Tollkirsche

geringer Konzentration verordnet wird, die in hoher Konzentration ein ähnliches Leiden bei einem Gesunden verursachen würde.

Ein Beispiel: Belladonna (Tollkirsche) ruft bei einem gesunden Organismus plötzlich ansteigendes Fieber, geweitete Pupillen und einen pochenden Puls hervor. Homöopathen setzen dieses Mittel in Verdünnung bei Grippepatienten ein, die genau die gleichen Symptome zeigen.

Ansätze der Homöopathie lassen sich bis in die Antike zurückverfolgen. Aber erst Ende des 18. Jahrhunderts untersuchte Samuel Hahnemann das Phänomen, woraus er das Ähnlichkeitsprinzip ableitete, das der homöopathischen Lehre zu Grunde liegt. Hahnemanns langjährige Experimente und Beobachtungen führten zu wichtigen Erkenntnissen:

1. Bei gesunden Menschen rufen Medikamente Symptome hervor, die denen bestimmter Krankheitsbildern ähneln.
2. Ähnliches lässt sich mit Ähnlichem heilen.

Homöopathische Arzneimittel geben dem Körper Informationen und Impulse zur Aktivierung der Selbstheilungskräfte.

Das heißt, dass genau die Arzneien am wirksamsten sind, die bei Gesunden Krankheitssymptome auslösen, die denen der Krankheit sehr ähnlich sind.

Der Einsatz beim Pferd

Hahnemann untersuchte und behandelte nicht nur Menschen, sondern wandte seine Erkenntnisse auch bei Tieren an. Dabei stellte sich heraus, dass die Arzneimittelprüfungen überwiegend übertragbar waren. Dies umfasst zumindest solche Symptome, die sich durch Beobachtung feststellen lassen. Die Beschreibungen subjektiver Empfindungen, ob sich Schmerzen zum Beispiel dumpf, stechend oder pochend anfühlen, sind natürlich dem Menschen vorbehalten. Die erzielten Behandlungserfolge bei Tieren haben den positiven Nebeneffekt, dass Meinungen entkräftet werden konnten, wonach die homöopathischen Erfolge in den Bereich der Suggestivwirkungen fallen. Dennoch werden bis heute immer wieder zwischen den Anhängern und Gegnern heftige Diskussionen über die Wirksamkeit der Homöpathie geführt.

Die Wirkungsweise

Die Prinzipien der Homöopathie gehen zurück auf das Wirken Samuel Hahnemanns. Auf Grund seiner Arbeiten stellte er die Leitlinien auf, die bis heute Gültigkeit haben:

- Arzneimittelprüfung
- Ähnlichkeitsprinzip
- Potenzierung

Arzneimittelprüfung

Bei der Arzneimittelprüfung werden die homöopathischen Mittel am gesunden Menschen getestet. Alle festgestellten Symptome und Veränderungen werden genau protokolliert und können natürlich von Person zu Person abweichen. Wichtig sind in diesem Zusammenhang nicht nur die Symptome, sondern auch die so genannten Modalitäten, das heißt, die Umstände, unter denen sich Beschwerden verändern. Ist beispielsweise der Testperson Kälte oder Wärme angenehmer, ist der Zustand morgens oder abends besser? Eine Reihe solcher Fragen nach Verbesserung oder Verschlechterung der Beschwerden müssen beantwortet werden und fließen in die Ergebnisse der Arzneimittelprüfung ein.

Ein einfaches und immer wieder gerne angeführtes Beispiel veranschaulicht das Vorgehen: So wird beispielsweise homöopathisch verdünntes Bienengift (Apis) angewendet, um Beschwerden zu lindern, die durch einen Bienenstich verursacht werden, sofern es sich dabei um eine rosafarbene, warme Schwellung handelt, deren Schmerzhaftigkeit durch Kühlung gelindert wird.

Die Gesamtheit der charakteristischen Symptome, die ein Mittel hervorbringt, bezeichnet man als Arzneimittelbild. Die Bücher, in denen nachgelesen werden kann, welche Mittel welche Symptome hervorrufen, nennen sich Materia Medica.

Ähnlichkeitsprinzip

Das Ähnlichkeitsprinzip beruht auf den Beobachtungen Hahnemanns, der gesunden Menschen kleine Dosen bestimmter Arzneien gab und die Symptome beobachtete, die seine Testpersonen entwickelten. Diese notierte er und erstellte so über 100 Arzneimittelbilder. Dabei war für Hahnemann jedes kleine Detail von großer Bedeutung. Auf Grund seiner präzisen Beobachtungsgabe fand er heraus, dass bei einer Arzneimittelprüfung verschiedene Menschen auf ein und dieselbe Arznei individuelle Symptome auf körperlicher, emotionaler und geistiger Ebene zeigten.

Diesen individuellen Symptomen gilt das Hauptaugenmerk bei der homöopathischen Behandlung. Es interessieren die typischen Symptome einer Krankheit und zusätzliche Faktoren, wie Auslöser und Bedingungen, unter denen sich

Homöopathie

Beim Pferd ist sie besonders angezeigt zur:

- Stärkung der Konstitution
- Regulation der allgemeinen körperlichen, geistigen und seelischen Verfassung
- Anschlussbehandlung nach einer medikamentösen Therapie
- Umstimmung der Stoffwechselaktivierung zur Entgiftung und Rehabilitation
- Behandlung chronischer Erkrankungen

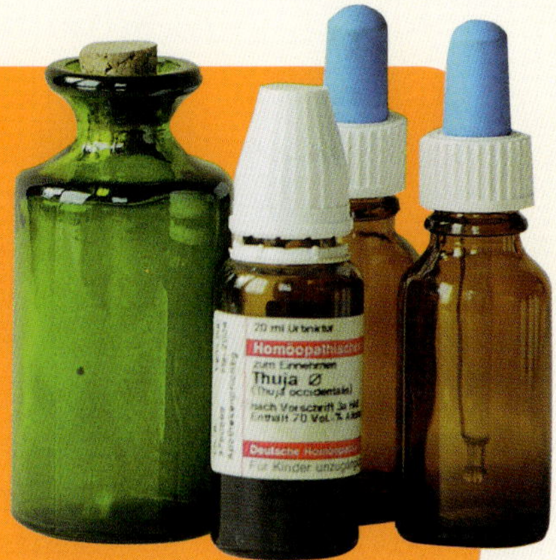

die Beschwerden bessern oder verschlechtern. Das bedeutet für die Praxis, dass zum Beispiel bei Lahmheiten, die sich in Bewegung verbessern, andere homöopathische Mittel verabreicht werden als bei Lahmheiten, die sich bei Bewegung verschlechtern.

Dieses Beispiel macht deutlich, warum verschiedene Patienten mit ein und derselben Krankheit verschiedene Mittel brauchen. Es gilt, durch Vergleich der bekannten Arzneimittelbilder mit dem Krankheitsbild des Patienten aus einer Reihe ähnlicher Mittel (Simila) das ähnlichste (Simillium) auszuwählen. Diesen Vorgang bezeichnet man als Arzneimitteldiagnose oder Arzneimittelwahl.

Um bei der Behandlung eines Pferdes das richtige homöopathische Mittel zu finden, werden die beobachteten Symptome des Patienten, zu denen auch Verhaltensänderungen zählen, mit den Beschreibungen der homöopathischen Arzneimittel verglichen und das Mittel ausgewählt, das am meisten Übereinstimmungen zeigt.

Potenzierung

Ein Grund, warum die Homöopathie seit jeher die Menschen polarisiert und zu kontroversen Diskussionen führt, ist die Tatsache, dass Arzneimittel so weit verdünnt werden, dass der Ausgangsstoff unter Umständen gar nicht mehr nachweisbar ist. Hahnemann ent-

wickelte ein Verfahren, bei dem die Substanzen zuerst verdünnt und anschließend durch heftiges Schütteln vermischt wurden. Dieses Vorgehen wird als Potenzierung bezeichnet.
Bei seinen Versuchen entdeckte Hahnemann, dass die Wirkung seiner Arzneien mit steigender Verdünnung und Verschüttelung zunahm, anstatt geringer zu werden. Die unerwünschten Reaktionen ließen sich so mildern und vermeiden, gleichzeitig wurde die heilende Wirkung oftmals stärker. Aus diesem Grund nannte Hahnemann die verdünnten Mittel *Potenzen*. Die Potenz bezeichnet also den Grad der Verdünnung einer Arznei.

Homöopathie zur Gesunderhaltung

Gesundheit und Wohlbefinden werden im Sinne der Naturheilverfahren als eine harmonische Einheit von Körper und Geist definiert. Dieses Gefüge ändert sich fortwährend und kann durch störende Reize so aus dem Gleichgewicht gebracht werden, dass Beschwerden auftreten und sich Krankheiten entwickeln.

Ein Reiter, der sein Pferd jeden Tag körperlich überfordert, ist genauso ein krank machender äußerer Impuls, wie die Pferdeherde, die einen Neuling nicht akzeptiert und tyrannisiert. Ebenso kann eine Hormonstörung, die zu den inneren Störungen zählt, bei einer Stute zu Fehlverhalten und Rittigkeitsproblemen führen.

Durch genaues Beobachten seines Pferdes und Erkennen störender Faktoren kann der Pferdebesitzer frühzeitig reagieren und sein Pferd dabei unterstützen, gesund zu bleiben.

Werden besondere Auffälligkeiten bemerkt, die zwar nicht krankhaft sind, die aber vom normalen Verhalten des Tieres abweichen, kann der erfahrene Pferdehalter selbst anhand eines Repertoriums oder in Absprache mit einem Homöopathen ein passendes Mittel aussuchen und dem Pferd verabreichen, bevor es krank wird.

Homöopathie

zum Vorbeugen

Besondere körperliche Anstrengungen sind auch eine Belastung für das Immunsystem. Als Folge können die Pferde anfälliger gegenüber krank machenden Einflüssen sein. Mit dem Beheben von Schmerzen und Erschöpfungszuständen durch entsprechende homöopathische Mittel kann der Körper schneller regenerieren und ist widerstandsfähiger.

- Um Schmerzen und Erschöpfungszustände zu beheben.

Nach einem anstrengenden Ausritt oder nach der Rückkehr von einem Turnier und am nächsten Morgen:

Ferrum phosphoricum D30
Eisen(III)-Phosphat
Arnica montana D12
Bergwohlverleih
jeweils 1 mal 15 Globuli

- Vorbeugen von Erkrankungen, wenn im Stall eine Atemwegsinfektion kursiert, durch frühzeitige Gabe von

Ferrum phosphoricum D12
Eisenphosphat
über 10 Tage,
1 mal täglich 15 Globuli

- Pferde leiden im Fellwechsel häufiger unter Erkältungskrankheiten. Daher empfiehlt sich zur Stärkung im Frühjahr und Herbst vorbeugend eine Kur mit homöopathischen Mitteln.

Frühjahrskur
Sulfur D30
Rhus toxicondendron D30
Dulcamara D30
Alle 3 Tage, je 10 Globuli, 1 mal täglich über 3 Wochen

Herbstkur
Echinacea angustifolia D1
Ruta graveolens D30
Arnica montana D30
Alle 3 Tage, je 10 Globuli,1 mal täglich über 3 Wochen

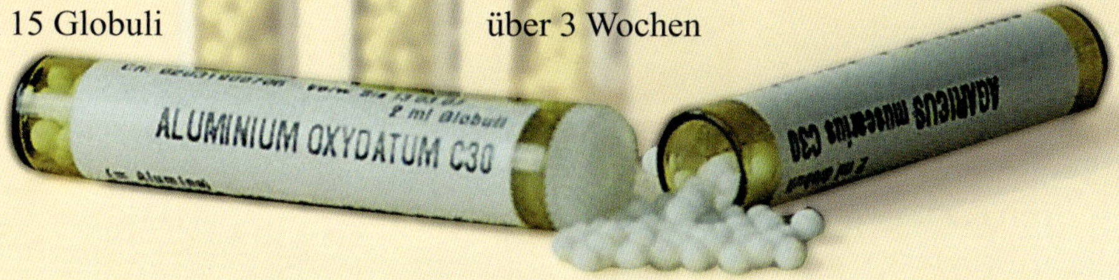

Homöopathie und Verhaltensauffälligkeiten

Pferde sind Flucht- und Herdentiere. Dieses instinktive Verhalten zeigt jedes Pferd heute noch, wenn es zum Beispiel einen unscheinbaren Holzstoß zum Anlass nimmt davonzustürmen. Dem Reiter erscheint das Verhalten seines Pferdes oftmals schleierhaft. Wenn das Pferd Respekt und Vertrauen zu seinem Reiter hat, unterdrückt es seine Furcht und geht an der Angst einflößenden Erscheinung vorbei. Das Gefühl der Sicherheit und des Respektes trägt dazu bei, eine kopflose Panikreaktion zu unterdrücken. Manche Pferde neigen trotzdem zu überschießenden Verhaltensweisen; diese können durch Homöopathika beeinflusst werden.

Die Homöopathie geht von der Annahme aus, dass die Wirkung eines homöopathischen Mittels umso tiefer und umfassender ist, je stärker diese Arznei verdünnt wurde. Wird hauptsächlich eine Wirkung auf die Psyche angestrebt, werden Mittel in D30 verabreicht.

Das gilt für Reiter und Pferd: Gesundheit und Leistungsfähigkeit lassen sich auf Dauer nur erbringen, wenn Körper und Geist im Einklang sind.

Homöopathie

zur Unterstützung des Wohlbefindens älterer Pferde

Die Homöopathie hält eine Auswahl von Arzneien bereit, die den Übergang zum Altern mildern und unterstützen können. Diese Mittel sollten zum Einsatz kommen, solange der Körper noch reaktionsfähig und nicht zu geschwächt ist.

- Dem Pferd fällt vieles schwerer, es reagiert langsamer, ist beim Reiten steifer

Arnica montana D30
Bergwohlverleih
2 mal pro Woche 15 Globuli

- Sehr schlanke Pferde, die bei Wetterwechseln Muskelschmerzen, Steifheiten oder Lahmheiten zeigen.

Acidum formicicum D30
Ameisensäure
alle 2 Wochen 20 Globuli

- Ängstlichen Pferden kann man Transport oder Stress-Situationen erleichtern.

Ambra grisea D12
Grauer Ambra
10–15 Globuli
drei Tage vor dem Ereignis beginnen,
2 mal täglich 15 Globuli

- Bei Mattigkeit, Appetitmangel, Eisenmangelanämie.

Ferrum phosphoricum D12
Eisenphosphat
über 4 Wochen, 1mal täglich 20 Globuli

- Abmagern, Interesselosigkeit. Pferde sind nicht gerne alleine, sind gegen Abend wacher und neigen zu Erkältungen

Conium maculatum D12
Gefleckter Schierling
2 mal täglich 15 Globuli

- Bei Atemnot, trockenem Husten und allgemeiner Müdigkeit.

Crataegus D12
Weißdorn
2 mal täglich 15 Globuli

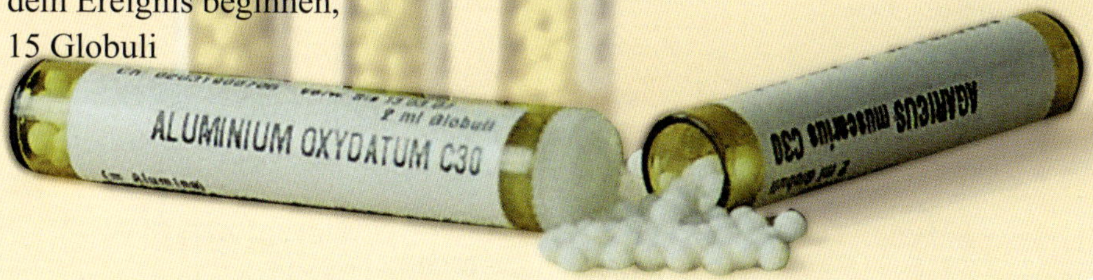

Phytotherapie – Kräuter & Co

Das große Gebiet der Phytotherapie, der Kräuterheilkunde, umfasst den Einsatz von Pflanzen und deren Bestandteilen zur Vorbeugung und Behandlung von Erkrankungen sowie zur Stärkung des Wohlbefindens. Unterschiedlich aufbereitet werden diese je nach Bedarf in Form von Tees, Tinkturen, Spülungen und Umschlägen verabreicht und angewendet. Viele Pferde »trinken« zum Beispiel gerne Tee, der als Kräutersud über das Futter gegeben wird. Für die meisten Vierbeiner ist dies eine wohl duftende Abwechselung. Die verschiedenen Kräuter können bei vielen gesundheitlichen Problemen eingesetzt werden. Klassiker sind Hustentees, sie wirken lindernd und schleimlösend und verschaffen hustenden Pferden Erleichterung.

Die Kräuterheilkunde ist eine der ältesten Heilmethoden, deren Wissen als Volksmedizin von Generation zu Generation überliefert wurde. Die Beziehung zwischen den Inhaltsstoffen vieler Pflanzen und deren Wirkung ist heute wissenschaftlich nachgewiesen. Diese Erkenntnisse fließen auch bei der Entwicklung schulmedizinischer Präparate ein. Weltweit werden heute mehr als 20000 Pflanzenarten in Arzneimitteln verwendet; etwa 1100 wurden wissenschaftlich untersucht.

Bei allen positiven Eigenschaften der Kräuter muss bei ihrem Einsatz auch berücksichtigt werden, dass einige zu allergischen Reaktionen führen können. Dazu zählen beispielsweise Anis, Eukalyptus und Spitzwegerich.

Bewährte Kräuter

Kräuter lassen sich je nach Wirkung bestimmten Einsatzgebieten zuordnen, wie zum Beispiel bei:

- **Appetitmangel**
Löwenzahn, Minze, Thymian
- **Belastung des Bewegungsapparates**
Beinwell, Schachtelhalm, Knoblauch

Weißdorn (Crataegus) ist ein Stärkungsmittel für Herz und Kreislauf.

- **Erkrankungen der Atemwege**
  Isländisch Moos, Schafgarbe, Huflattich, Salbei
- **Hautproblemen**
  Schachtelhalm, Rosmarin, Bockshornklee
- **Stress und Nervosität**
  Baldrian, Melisse, Hopfen, Johanniskraut
- **Stoffwechselproblemen**
  Brennnessel, Löwenzahn, Wacholder
- **Unterstützung der Herz-Kreislauffunktion**
  Weißdorn, Mistel, Rosmarin
- **Verdauungsbeschwerden**
  Isländisch Moos, Kamille, Pfefferminze

Beliebte Anwendungsformen

Die einfachste Möglichkeit ist die Gabe frischer Kräuter oder das Füttern im Handel erhältlicher fertiger Mischungen. Es gibt aber auch einfache Zubereitungsarten für die innere und äußere Anwendung, mit denen man seinem Pferd etwas Gutes tun kann.

Heilpflanzen

sind als fertige Präparate erhältlich. Wer die Pflanzen selbst sammeln und trocknen möchte, sollte:

- die Naturschutzbestimmungen beachten
- nur bekannte Pflanzen sammeln
- nur gesunde, saubere Pflanzen auswählen
- nicht an Straßenrändern sammeln
- keine Pflanzen mit Wurzel ausreißen
- die Pflanzen an einem kühlen Ort trocknen
- die Pflanzen in einer dünnen Lage zum Trocknen auslegen

Ob als Tee, Dampfbad oder Kompresse: Kamillenblüten wirken beruhigend, entzündungshemmend und wundheilend.

Aufguss/Tee

Ein Aufguss wird im Prinzip zubereitet wie ein Tee. Man übergießt eine Kräutermischung mit kochendem Wasser und lässt den Aufguss 5–15 Minuten ziehen. Danach werden die Kräuter abgesiebt, sofern man den Tee zum Baden einer Wunde verwenden möchte oder bei Reizzuständen der Augen anwendet. Ansonsten können die Kräuter – zum Beispiel über Mash – mit verfüttert werden. Tees werden von Pferden in der Regel gerne angenommen und sind nicht nur eine willkommene Abwechslung. Einen warmen Tee nehmen auch Pferde gerne an, die auf Grund von Zahnproblemen nicht ausreichend (kaltes!) Wasser trinken.

Sud

Hier gibt man die Pflanzenteile in kaltes Wasser und kocht diese 5–15 Minuten bei geschlossenem Deckel. Danach wird der Sud abgesiebt und zur Anwendung lauwarm angewärmt.

Kaltauszug

Dazu wird die Kräutermischung mit kaltem Wasser übergossen und 6–8 Stunden bei geschlossenem Deckel stehen gelassen. Vor dem Verabreichen wird der Auszug abgegossen und erwärmt.

Kompresse

Für die äußere Anwendung eignen sich Kompressen. Dazu stellt man einen Tee oder Sud her, tränkt ein Tuch darin und wringt es aus. Danach hält man die Kompresse auf die entsprechende Körperstelle oder fixiert diese mit einer Bandage.

Umschläge

Je nach Rezept werden Umschläge mit einem Aufguss, Sud oder Kaltwasserauzug angelegt. Für die Anwendung von Breiumschlägen werden frische Kräuter, Blätter oder Wurzeln zerkleinert und mit einem Mixer zu Brei verarbeitet. Legt man den Umschlag als Verband an, ist unbedingt auf die gute Polsterung zu achten.

Tee-Rezepte

zur Linderung von Befindlichkeitsstörungen

Tee gegen Nervosität und Unruhe

20 g Melisse
10 g Johanniskraut
10 g Orangenblüten
5 g Hagebutten

Zwei Teelöffel dieser Mischung mit einem Liter Wasser überbrühen, fünf Minuten ziehen lassen und abseien.

Fitmacher im Frühling

20 g Indischer Nierentee
20 g Brennnesselblätter
20 g Goldrutenkraut
20 g Birkenblätter
20 g Schachtelhalmblätter
30 g Wacholderbeeren

Einmal täglich zwei Teelöffel der Mischung mit einem halben Liter kochendem Wasser überbrühen, fünf Minuten ziehen lassen und abseien.

Hustentee

25 g Fenchel
25 g Lungenkraut
200 g Huflattich
150 g Königskerze
200 g Spitzwegerich
100 g Brennnesselblätter
200 g Thymian

Zwei Esslöffel dieser Mischung mit einem halben Liter kochendem Wasser überbrühen, 15 Minuten ziehen lassen. Danach können Sie alles, Tee und Kräuter zusammen, beispielsweise mit Mash, verfüttern.

Kräuter-Rezepte

zur Linderung von Befindlichkeitsstörungen

Sud gegen altersbedingte Herz-Kreislaufbeschwerden

100 g Hirtentäschelkraut
100 g Arnicablüten
100 g Weißdornblüten
50 g Baldrianwurzel
50 g Melissenblätter

Zwei Teelöffel dieser Mischung mit einem viertel Liter kaltem Wasser übergießen, 10 Stunden ziehen und dann angewärmt saufen lassen.

Schwedenkräuter

10 g Aloe
5 g Myrrhe
0,2 g Safran
10 g Kampfer
10 g Rhababerwurzel
10 g Theriak venezian
5 g Eberwurz
10 g Angelica
1 1/2 l Doppelkorn

Vor der Anwendung lässt man die Mischung zwei bis drei Wochen ziehen. Schwedenkräuter können – mit Wasser verdünnt – bei Schwellungen als Kompressen aufgelegt werden.

Vitalisierender Futterzusatz

20 g Bockskleesamen

Die tägliche Gabe von Bockskleesamen mit dem Futter wirkt aufbauend und vitalisierend.

Retterspitz-Umschlag

Eine Kompresse in kaltes Wasser tauchen, anschließend in Retterspitz tränken und am Pferdebein anlegen. Abschließend eine Wollbandage anlegen. Der Umschlag verbleibt etwa zwei Stunden am Pferdebein. Solche Umschläge helfen nicht nur bei angelaufenen Sehnen, sondern können auch vorbeugend nach einem langen Ausritt beispielsweise angewendet werden. Zudem wirkt das Abschwammen der Sattellage mit Retterspitz entspannend.

Aloe Vera

Aloe Vera wird als die »Königin der Heilpflanzen« bezeichnet und ist schlicht ein Symbol für Vitalität und Gesundheit. Für die Herstellung der im Handel erhältlichen Produkte wird das Mark aus dem Inneren der Pflanzen verwendet. Dieses Gel zeichnet sich durch eine Vielzahl positiver Eigenschaften aus. Es wirkt entzündungshemmend, antiviral, blutstillend und Hustenreiz stillend. Gute Erfolge beim Pferd werden beschrieben bei der Behandlung von Hautproblemen, Sommerekzem, Mauke, Wundbehandlung sowie bei Stoffwechselproblemen und chronischer Bronchitis.

Aloe Vera wird eingesetzt zur:

- Ausleitung von Schlackestoffen aus dem Organismus
- Stärkung und Anregung des Immunsystems
- Unterstützung bei der Behandlung von Husten (reizstillend)
- Unterstützung bei chronischen Atemwegsbeschwerden
- Schmerz- und Entzündungslinderung bei Gelenkbeschwerden zum Knorpelaufbau und zur
- Steigerung der psychischen und physischen Belastbarkeit
- Förderung der Wundheilung
- Behandlung von Entzündungen
- Durchblutungsförderung
- Pflege – feuchtigkeitsspendend, abschwellend und kühlend
- Schmerzlinderung
- Linderung von Juckreiz

Schüßler-Salze

Schüßler-Salze werden im Humanbereich gerne zur Behandlung zahlreicher Beschwerden und zur Unterstützung des Wohlbefindens eingesetzt, wenn zum Beispiel Stress und Hektik Körper und Seele aus dem Gleichgewicht bringen. Wie einige andere Therapien aus dem großen Bereich der Naturheilverfahren lassen sich die Schüßler-Salze auch beim Pferd einsetzen und können eine ideale Ergänzung des Gesundheitsmanagements darstellen. Die Schüßler-Salze sind einfach anzuwenden und lassen sich gut mit anderen Therapien wie zum Beispiel den Bach-Blüten kombinieren.

Mineralsalze sind lebenswichtig für den Organismus von Mensch und Tier.

Ihren Namen verdanken die kristallinen Verbindungen dem Oldenburger Arzt und Biochemiker Dr. Wilhelm Heinrich Schüßler (1821–1902). Schüßler erkannte, dass jede Körperzelle zum Funktionieren bestimmte Mineralstoffe benötigt und stellte den Zusammenhang zwischen Mineralstoffmangel und Krankheiten her. Sein Umkehrschluss: Sind die Abläufe im Mineralstoffhaushalt einer Zelle gestört, kann die Zufuhr von Mineralsalzen, in kleinsten Mengen und speziell aufbereitet, das Gleichgewicht wieder herstellen und die Funktionsstörungen normalisieren.

Er entwickelte auf Grundlagen der Homöopathie ein eigenes Therapieverfahren, das heute als ideales Konzept für die Selbstmedikation gilt. Ziel ist die sanfte Regulierung des Mineral- und Spurenelementhaushalts.

SOS-Zeichen von Körper und Seele

Biochemische Vorgänge laufen permanent in einem Organismus ab: bei der Atmung, Verdauung und dem Stoffwechsel zum Beispiel. Gerät das sensible Zusammenspiel in den Zellen und der Mineralstoffhaushalt durcheinander, senden Körper und Seele SOS. Mögliche Probleme äußern sich unter Umständen in Verhaltensproblemen wie Unruhe und Nervosität oder durch körperliche Beschwerden wie Hautprobleme oder Infektanfälligkeit. Damit sich aus kleinen Störungen keine ernsthaften Krankheiten entwickeln, können die Körperzellen durch Schüßler-Salze unterstützt werden.

12 Mineralstoffe

Die Funktionsfähigkeit des Organismus ist abhängig von den Mineralstoffen in den Körperzellen. Sie sind sowohl am Aufbau als auch an der Ernährung und schlussendlich wieder am Abbau der Zelle beteiligt.

Schüßler entwickelte eine Methode, um Mineralstoffe so aufzubereiten, dass sie für die Körperzellen verfügbar sind. Sein Grundgedanke: Wenn das gestörte Mineralstoffgleichgewicht in der Zelle ausgeglichen wird, normalisieren sich Funktionsstörungen und Krankheiten können vermieden bzw. geheilt werden.

In der Schüßler´schen Behandlung werden 12 Salze als Basismittel eingesetzt, die natürlicherweise im menschlichen Organismus und auch beim Pferd vorkommen: Natrium, Magnesium, Kalzium, Eisen, Kalium, Lithium, Silicea und Mangan.

Natrium sulfuricum
© DHU, Karlsruhe

Natrium phosphoricum
© DHU, Karlsruhe

Wirkungsweise

Die Salze helfen bei vielen leichten, akuten, aber auch chronischen Beschwerden. Sie helfen dem Organismus zu regenerieren und setzen Heilungsprozesse in Gang.

Schüßler erkannte das Phänomen, dass trotz ausreichender Versorgung vom Organismus benötigte Mineralien nicht immer verfügbar sind und nannte es »Molekülverteilungsstörung«.
Die Wirkungsweise der Schüßler-Salze beruht darauf, dass die vom Körper benötigten Mineralstoffe sozusagen zur richtigen Zeit an den richtigen Ort gelangen. Das heißt, die Mineralstoffe füllen nicht ein generelles Defizit im Körper auf. Im Gegenteil, sie sind durchaus auch dann notwendig, wenn der Bedarf grundsätzlich gedeckt ist.

Silicea (Kieselsäure) ist ein Mineral, das im Bindegewebe enthalten ist.

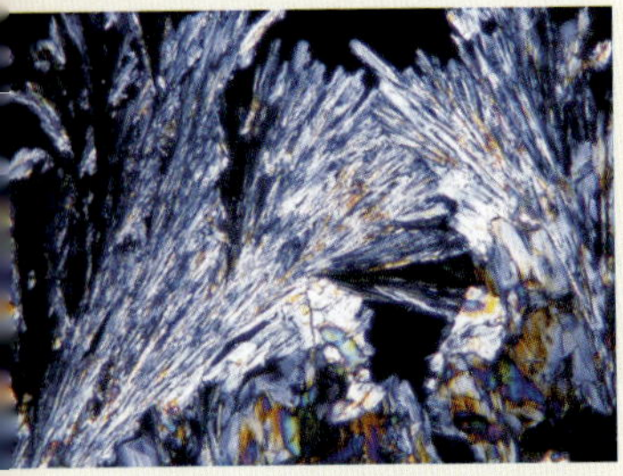

Kalium phosphoricum
© DHU, Karlsruhe

Die aus den Salzen hergestellten Heilmittel Schüßlers können erheblich mehr bewirken, als die Mineralstoffe aus unserer Nahrung bzw. aus dem Futter der Pferde.

Um ihre Wirkung im Sinne der Schüßler'schen Therapie entfalten zu können und gesunde Zellen nicht zu beeinträchtigen, werden die natürlichen Salze nach dem von Hahnemann (siehe Kapitel »Homöopathie«) entwickeltem Prinzip homöopathisch aufbereitet, »potenziert«. Zu erkennen ist die Potenzierung anhand der Packungsangaben D 3, D 6 oder D 12.

Voraussetzung für eine erfolgreiche Behandlung ist die Wahl des richtigen Mittels. Ein falsch gewähltes Schüßler-Salz richtet zwar keinen Schaden an, hilft aber aber auch nicht. Dabei sollte möglichst bei den ersten Anzeichen für eine Störung mit der Einnahme begonnen werden.

Dosierung und Einnahme

Schüßler-Salze sind apothekenpflichtige Arzneimittel und werden als Tabletten, Pulver, Globuli und Salben angeboten.

Beim Pferd bietet sich die Gabe von Tabletten an. Die beste Wirkung erzielt man, wenn die Tabletten Kontakt zur Maulschleimhaut haben und die Mineralsalze über diese aufgenommen werden können. Es ist relativ einfach, dem Pferd die Schüßler-Salze zu verabreichen, wenn man die Unterlippe etwas abzieht und die Tabletten auf die Innenseite legt. Dort können sie sich bei geschlossenem Maul langsam auflösen und über die Schleimhaut aufgenommen werden.

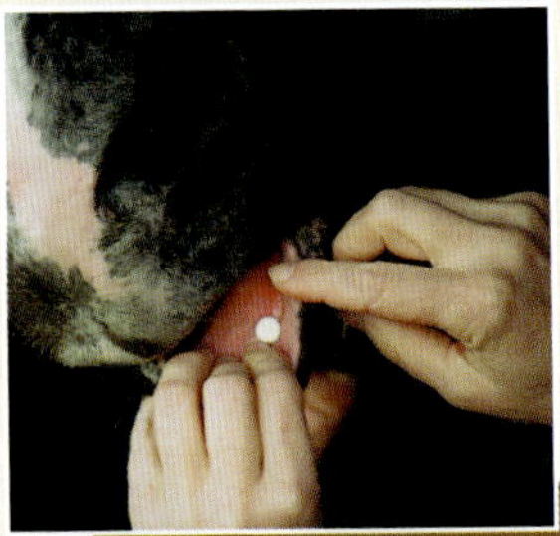

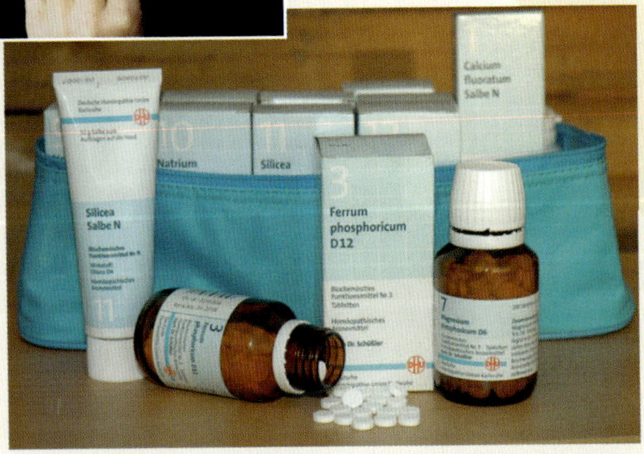

Dosierung:

- Bei akuten Beschwerden alle 2 Stunden 2 Tabletten
- Bei chronischen Beschwerden 2-mal täglich 5 Tabletten

Möglichkeiten und Grenzen

Die Schüßler'sche Therapie hat vielfältige Anwendungsmöglichkeiten. Naturheilkundlich arbeitende Tierärzte setzen sie gerne als Ergänzung zu anderen Behandlungen ein. Bei frühzeitigem Behandlungsbeginn sind auch bei der Selbstbehandlung durchaus gute Erfolge zu erwarten. Nebenwirkungen und Wechselwirkungen mit anderen Medikamenten sind nicht gegeben und auch die bei anderen naturheilkundlichen Verfahren hin und wieder auftretende Erstverschlimmerung findet nicht statt.

Dennoch dürfen die einfache Anwendung und die Heilerfolge nicht dazu verleiten, ernsthafte Erkrankungen zu bagatelisieren. Bei ansteckenden Krankheiten und schweren Organerkrankungen hat die Mineralsalztherapie ihre Grenzen. Ein erkranktes Pferd gehört in die Hände eines Tierarztes.

Dr. Schüßler (1821–1902)
© DHU, Karlsruhe

Schüßler-Salze

lassen sich gut kombinieren mit

- Akupunktur
- Bach-Blütentherapie
- Physiotherapie
- Osteopathie
- Chinesischen Kräutern
- Blutegeltherapie

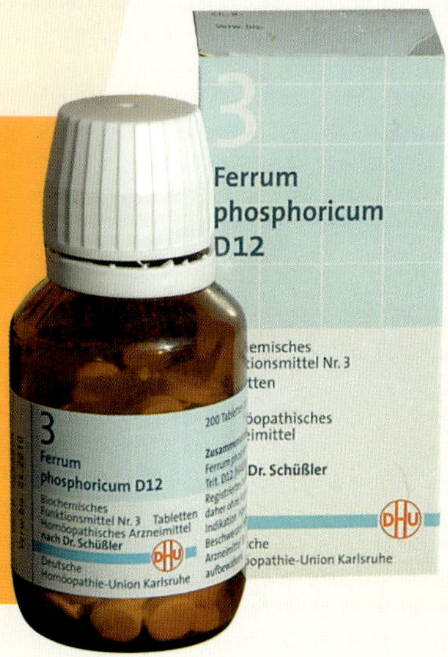

Schüßler-Salze und ihre Funktionen

Nr. 1 **Calcium fluoratum** Das Salz des Stütz- und Bindegewebes, der Gelenke und der Haut	**Nr. 2** **Calcium phosphoricum** Das Salz der Knochen und Zähne	**Nr. 3** **Ferrum phosphoricum** Das Salz des Immunsystems
Nr. 4 **Kalium chloratum** Das Salz der Schleimhäute und der Verdauung	**Nr. 5** **Kalium phosphoricum** Das Salz der Nerven und Psyche (veg. Nervensystem)	**Nr. 6** **Kalium sulfuricum** Das Salz der Entschlackung und Wundheilung
Nr. 7 **Magnesium phosphoricum** Das Salz der Muskeln und Nerven	**Nr. 8** **Natrium chloratum** Das Salz des Flüssigkeitshaushalts	**Nr. 9** **Natrium phosphoricum** Das Salz des Stoffwechsels und Base-Säuren-Gleichgewichts
Nr. 10 **Natrium sulfuricum** Das Salz der inneren Reinigung	**Nr. 11** **Silicea** Das Salz der Haare, Haut und des Bindegewebes	**Nr. 12** **Calcium sulfuricum** Das Salz der Gelenke, Knorpel und Leber

Nr. 1
Ziel: Stabilisieren von Körpergewebe

- Muskel- u. Bänderschwäche
- Hufverformung
- Hufrehe
- Fesselträgerentzündung

Nr. 2
Ziel: Unterstützen von Wachstum und Knochenstabilität

- Überbeine
- Frakturen
- Schlechte Wundheilung

Nr. 3
Ziel: Sauerstoffaufnahme, Infektabwehr

- Große Anstrengungen
- Müdigkeit
- Entzündungen
- Häufige Infekte

Nr. 4
Ziel: Behandlung aller Schleimhäute

- Bronchitis
- Nebenhöhlenvereiterung
- Entzündungen

Nr. 5
Ziel: Stärkung bei Erschöpfungszuständen

- Erschöpfung
- Angstzustände
- Entzündungen

Nr. 6
Ziel: Regeneration

- Verzögerte Wundheilung

Nr. 7
Ziel: Regulieren von Krampf- und Spannungszuständen

- Hauptmittel bei Krämpfen
- Unruhe
- Headshaker
- Herz-Kreislaufschwäche

Nr. 8
Ziel: Regulieren des Salz- und Wasserhaushaltes

- Verdauungsprobleme
- Insektenstiche

Nr. 9
Ziel: Regulieren des Stoffwechsels

- Arthrose
- Erhöhte Harnsäure

Nr. 10
Ziel: Anregen der Ausscheidung

- Ödeme
- Verdauungsschwäche
- Lebererkrankungen
- Wasseransammlungen

Nr. 11
Ziel: Förderung der Ernährung des Bindegewebes

- Bindegewebsschwäche
- Haar- und Hufprobleme
- Chronische Eiterungen

Nr. 12
Ziel: Reinigung

- Furunkel
- Abszesse
- Eitrige Prozesse

Stimulierende Anwendungen

Wärme und Sonnenlicht sind allgemein als »Muntermacher« bekannt. Schon im Alterum und im Mittelalter wusste man um den positiven Einfluss von farbigem Licht auf den Organismus.
Heute werden diese Maßnahmen auch für Pferde angeboten und in der Praxis eingesetzt.

Das Wort *ätherisch* stammt aus dem Griechischen und bedeutet himmlisch bzw. leicht flüchtig.

Aromatherapie

Ätherische Öle und wohlduftende Essenzen steigern das Wohlbefinden und fördern die Gesundheit. Auf dieser Annahme beruht die Aromatherapie. Wie alt der Brauch tatsächlich ist, Aromen, Parfüm, Räucherungen und Duftöle für die verschiedensten Verwendungen herzustellen, lässt sich nur erahnen. In Pakistan wurden beispielsweise bereits um 5000 v. Chr. erste Destillationsverfahren angewendet, um Kräuterauszüge zu extrahieren. Doch ist es interessant, dass den Überlieferungen nach, die Wirkung von Gerüchen und Düften auf der ganzen Welt bekannt ist. In vielen Kulturen ist ihre Anwendung gebräuchlich und wird bis in die heutige Zeit geschätzt. Als Begründer der Aromatherapie im heutigen Sinne gilt der Franzose René Maurice Gattefossé. Er veröffentlichte 1936 ein Buch zum Thema und beschrieb seine Erfahrungen mit den Pflanzenölen.

Was ist der Unterschied zwischen Phyto- und Aromatherapie?

In der Phytotherapie, auch Pflanzenheilkunde oder Heilkräutertherapie, werden zur Behandlung Pflanzen, Pflanzenteile und deren Zubereitung verarbeitet.

Bei der Aromatherapie werden die aromatisch duftenden Pflanzenstoffe zur Heilung eingesetzt. Die innere Anwendung ist bei der Aromatherapie ebenso möglich, wie bei der Phytotherapie. Wobei die Duftöle und Aromen, die wesentlich stärker sind als bei der Phytotherapie, nicht nur auf körperlicher Ebene wirken, sondern vor allem auch Seele und Geist stimulieren.

Was sind ätherische Öle?

Ätherische Öle sind hochkonzentrierte flüssige Essenzen von Pflanzen, bzw. deren Bestandteilen, die über den Geruchssinn auf das Hormon- und Nervensystem wirken. Die Öle befinden sich als winzige Tröpfchen in den Pflanzen und werden durch Kaltpressung oder Wasserdestillation gewonnen. Im Gegensatz zu herkömmlichen Pflanzenölen, wie zum Beispiel Sonnenblumenöl, sind sie wesentlich dünnflüssiger und flüchtiger.

Öle sind in Drogerien oder in Naturkostläden erhältlich. Eine unverfälschte Wirkung entfalten Öle aus kontrolliert biologischem Anbau, die zu 100 % naturbelassen sind. Die Erlaubnis für eine innere Anwendung muss unmissverständlich erkennbar sein. Steht auf dem Etikett als Hinweis *naturidentisch* oder *naturnah*, deutet das darauf hin, dass es sich um ein synthetisches Öl handelt.

Die synthetische Herstellung von Ölen ist durchaus gebräuchlich, weil sich manche Öle nicht in größeren Mengen aus der Natur gewinnen lassen. Viele Pflanzen, wie zum Beispiel Maiglöckchen, sind äußerst selten, so dass auch hier die Gewinnung eingeschränkt ist. Für einen einzigen Tropfen Rosenöl müssen beispielsweise 50 Rosen verarbeitet werden. Naturidentische oder naturnahe Öle können durchaus in Duftlampen verwendet werden, dürfen aber auf keinen Fall für die innere Anwendung benutzt werden.

Es ist strengstens darauf zu achten, dass für die innere Anwendung keine chemisch aufbereiteten Öle verwendet werden.

Anwendung beim Pferd

Pferde haben einen ausgesprochen feinen Geruchssinn. Dieser soll von der Leistungsfähigkeit zwischen dem des Hundes und des Menschen liegen. Diese Sensibilität macht Pferde äußerst empfänglich, aber auch empfindlich für die Anwendung von Ölen. Bei der Anwendung ist daher darauf zu achten, dass die Öle nur in einer mehr als die Hälfte verdünnten Form verwendet werden, um unerwünschte Nebenwirkungen und Überreaktionen zu vermeiden.

Pferde haben einen äußerst sensiblen Geruchssinn.

In der kalten Jahreszeit helfen warme Kompressen – zum Beispiel bei rheumatischen Beschwerden der Pferde.

Bei der Aromatherapie sind wie bei allen Therapien einige grundsätzliche Regeln zu beachten: So dürfen bei Trächtigkeit keine Öle oder auch Kräuter wie Nelke, Salbei, Ysop, Basilikum, Myrrhe, Lorbeer, Thymian oder Rosmarin verwendet werden. Auf Lavendel und Baldrian muss bei Neigung zu niedrigem Blutdruck verzichtet werden ebenso bei Bluthochdruck auf Düfte wie Ysop, Rosmarin und Thymian. Die Anwendung von Ölen sollte wie bei einer homöopathischen Behandlung mit dem Tierarzt, Tierhomöopathen oder Tierheilpraktiker abgesprochen werden.

Für die äußere Anwendung gilt ebenfalls die Regel, dass Öle nur um ein Vielfaches verdünnt angewendet werden dürfen. Da die Haut durch die Anwendung der Öle lichtempfindlicher wird, sind sie bei Pferden mit weißem Fell oder teilweise weißem Fell nur mit Vorsicht anzuwenden.

Anwendungsmöglichkeiten beim Pferd

Ätherische Öle werden eingesetzt in Form von:

- Inhalationen
- Kompressen
- Massagen
- Waschzusätzen in der Waschmaschine
- Verdunstung über Duftlampe (Verdünnung unbedingt beachten!)

Für den Pferdebesitzer gibt es zahlreiche Möglichkeiten, seinem Pferd täglich etwas Gutes mit Ölen und der Aromatherapie zu bieten. Eine einfache Anwendungsmöglichkeit sind die Kompressen. Es werden dabei zwei Arten unterschieden:

1. die kalten Kompressen,
2. die warmen Kompressen.

Mit kalten Kompressen können leichte Verletzungen, Prellungen, Zerrungen oder Insektenstiche behandelt werden. Eine unterstützende Heilung für schlecht heilende oder infizierte Wunden, entzündete Haut, Geschwüre, Furunkel oder Ekzeme bieten ebenfalls die Kompressen. Doch hierbei ist es, ebenso wie bei homöopathischen Anwendungen, unumgänglich eine Fachkraft hinzuzuziehen.

Für den täglichen Bedarf zum Wohlergehen des Pferdes können Kompressen beispielsweise nach dem Ausritt zur Beruhigung angewendet werden. Die warmen Kompressen können bei rheumatischen Beschwerden, Durchblutungsstörungen oder Verdauungsbeschwerden sowie bei leichten Koliken eingesetzt werden.

Die Aromatherapie lässt sich mit verschiedenen Therapien kombinieren, nicht jedoch mit der Homöopathie.

Herstellung von Kompressen

Zur Herstellung einer Kompresse gibt man 2–4 Tropfen ätherisches Öl auf 1 Liter kaltes/warmes Wasser. Dann taucht man ein Handtuch ein, wringt dieses aus und bringt es an der betroffenen Körperstelle auf. Die Kompresse verbleibt so lange am Pferd, bis diese, auf Körpertemperatur des Pferdes abgekühlt (warme Kompressen) oder erwärmt (kalte Kompressen) ist.

Ingwerkompresse

Die kartoffelähnliche Knolle der Ingwerstaude (Zingiber officinale) wird seit Jahrtausenden zur Heilung eingesetzt. Ingwer ist hauptsächlich durch seine stärkende, vitalisierende und erwärmende Wirkung bekannt und wird daher oft bei Erkrankungen eingesetzt, wie Grippe, Katarrh, Rheuma, seelischen Verkrampfungen und Muskelverspannungen. Ingwer als Kompresse ist bewährt bei Durchblutungsstörungen und rheumatischen Beschwerden. Das Öl ist mit Vorsicht anzuwenden, da es die Haut und Schleimhäute reizen kann und dementsprechend minimal dosiert werden muss. Die Anwendung als Kompresse erfolgt wie oben beschrieben

Eukalyptuskompresse

Die ursprüngliche Heimat des Eukalyptus (Eucalyptus citriodora) ist Australien. Mittlerweile gibt es über 600 Arten von Eukalyptusbäumen, die oft zur Entwässerung von Sümpfen in Malariagebieten angepflanzt werden.

Mit den bekannten atmungsaktivierenden und keimtötenden Wirkstoffen wird Eukalyptus in Bonbons, Hustensäften oder Ölen bei Erkältungen, Infektionen der Atemwege oder sogar Asthma eingesetzt. Die Anwendung als warme Kompresse bei Muskel- oder Nervenschmerzen ist daher eher unbekannt, aber äußerst effektiv. Für die Anwendung einer Eukalyptus-Kompresse gibt man 2–4 Tropfen Eukalyptusöl auf 1 Liter Wasser wie beschrieben und legt sie dem Pferd an. Beim Einsatz einer warmen Eukalyptus-Kompresse in der Nähe der Nüstern dürfen höchstens 2 Tropfen Öl auf 1L Wasser gegeben werden.

Einsatz der Farb- und Aromatherapie bei Erkältungen: Die warme Eukalyptus-Kompresse direkt auf der Brust des Pferdes lindert die Infektion der Atemwege.
Diese Anwendung unter Verwendung einer grünen Kompresse belebt und wirkt ausgleichend sowie entspannend auf den Atem des Pferdes. Da die Kompresse am Hals nicht zu befestigen ist, empfiehlt es sich, diese auf der Brust zu platzieren und festzuhalten.

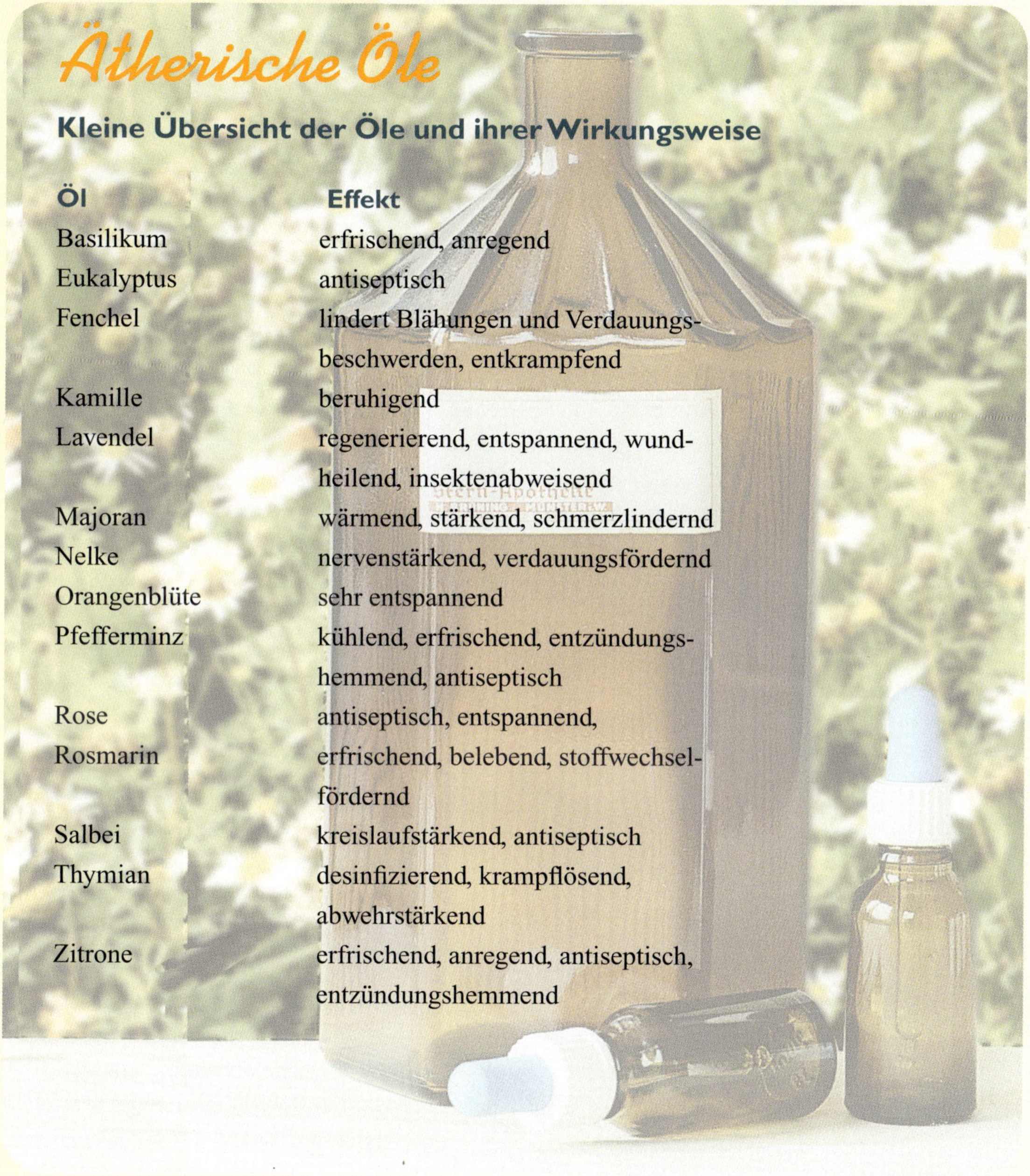

Ätherische Öle

Kleine Übersicht der Öle und ihrer Wirkungsweise

Öl	Effekt
Basilikum	erfrischend, anregend
Eukalyptus	antiseptisch
Fenchel	lindert Blähungen und Verdauungsbeschwerden, entkrampfend
Kamille	beruhigend
Lavendel	regenerierend, entspannend, wundheilend, insektenabweisend
Majoran	wärmend, stärkend, schmerzlindernd
Nelke	nervenstärkend, verdauungsfördernd
Orangenblüte	sehr entspannend
Pfefferminz	kühlend, erfrischend, entzündungshemmend, antiseptisch
Rose	antiseptisch, entspannend,
Rosmarin	erfrischend, belebend, stoffwechselfördernd
Salbei	kreislaufstärkend, antiseptisch
Thymian	desinfizierend, krampflösend, abwehrstärkend
Zitrone	erfrischend, anregend, antiseptisch, entzündungshemmend

Edelsteintherapie

Edelsteine werden bereits seit dem Altertum zu Heilzwecken verwendet und als Amulette oder Talismane getragen. Ihre Wirkung wurde schon damals als heilend, schützend und harmonisierend beschrieben und als Wohltat für Körper und Seele geschätzt. Die Heilige Hildegard von Bingen gilt als Vorkämpferin und heilte zu ihrer Zeit viele Menschen mit Edelsteinen.

Heutzutage setzen Therapeuten die Kraft der Steine als natürliche Hilfe als Unterstützung in der Therapie von Mensch und Tier ein. Aus ihrer Sicht hat jeder Stein eine eigene Farbschwingung, durch die Energiezentren, Chakren, unterstützt werden können. Edelsteine und Mineralien haben die Fähigkeit, bestehende Energieblockaden im Körper zu lösen und die Lebensenergie wieder gleichmäßig fließen zu lassen.

Dabei wird immer wieder betont, dass die Edelstein-Behandlung keine medizinische Behandlung ersetzen, diese jedoch wirkungsvoll unterstützen kann.

Der Amethyst ist ein lila-violetter Quarzkristall, der seine Farbe durch Mangan, Eisen und Titan erhält.

Einsatz der Edelsteine beim Pferd

Edelstein-Pulver, Edelstein-Elixiere und Mineralwasser sind unter anderem Anwendungsmöglichkeiten, die von innen auf Organe und Psyche wirken. Doch in erster Linie unterstützen die innerlichen Anwendungen die Heilung von Krankheiten. Das Tragen auf der Haut bzw. auf dem Fell oder das Aufstellen von Steinen in der direkten Umgebung unterstützt die Aufnahme der Energie über die Haut und wirkt auf den psychischen und seelischen Zustand von Mensch und Tier.

Edelsteine
und ihre Wirkung

Jedem Stein werden bestimmte charakteristische Eigenschaften zugeschrieben, die auf das körperliche oder seelische Befinden von Mensch und Tier wirken sollen. An diesen Eigenschaften orientiert sich der Einsatz. Hier einige Beispiele:

Stein	Wirkung	Anwendung
Amethyst	schmerzlindernd, krampflösend	Nervosität
Bergkristall	reinigend	Abgeschlagenheit
Bernstein	ausgleichend, entzündungshemmend	Stoffwechselstörungen
Granat	löst innere Blockaden	Erschöpfung
Lapislazuli	beruhigend, krampflösend,	Erkältungen
Magnesit	krampflösend	Geburtsvorbereitung
Rosenquarz	ausgleichend (Herz)	
Topas	aktiviert Verdauung und Stoffwechsel	Störungen des Nervensystems

Bei Ekzemen, Allergien hat sich das angesetzte Edelstein-Elixier bewährt, mit dem die betroffenen Stellen nach Rücksprache mit dem Tierarzt oder Tierheilpraktiker gesäubert oder behandelt werden können. Zur Stärkung der Haut oder für glänzendes Fell können ebenso Elixiere angesetzt werden.

Es ist unbedingt darauf zu achten, dass die Steine vor der Benutzung richtig gesäubert werden und keine Rückstände von Schmutz und Bakterien mehr haben. Es empfiehlt sich bei Edelstein-Elixieren die Edelsteine selbst in eine Frühstückstüte zu geben und diese in ein Gefäß mit Wasser zu legen. Nur wenn man sich sicher ist, dass der Stein keine Rückstände mehr hat und auch zu keiner Zeit chemisch behandelt wurde, darf er direkt in Kontakt mit dem Wasser kommen.

Amethyst

Im Mittelalter setzte man Amethyste gegen böse Gedanken und Albträume ein. Heute werden ihm verschiedene positive Einflüsse auf Körper und Psyche zugeschrieben: Er soll zum Beispiel eine schmerzlindernde und krampflösende Wirkung haben und beruhigend auf Herz und Nerven sowie gegen stressbedingte Verspannungen wirken. Ihm wird ebenfalls eine positive Wirkung bei Hysterie zugeschrieben, wobei er auch damit zusammenhängende Hautprobleme lindern soll.

Amethystwasser aktiviert Hautbindegewebe, speichert Wasser in der Haut und reinigt Drüsen und Poren.

Auf die Psyche des Pferdes bezogen lässt der Amethyst sich

In der Edelsteintherapie wird jedem Stein eine charakteristische Eigenschaft zugeordnet, die auf das körperliche und seelische Befinden einwirken soll.

aufgrund seiner ausgleichenden Wirkung bei Turnierangst einsetzen. Außerdem fördert er die Konzentrationsfähigkeit.

Angebot und Pflege

Der Amethyst ist als Rohstein, Handschmeichler und Anhänger im Handel erhältlich. Zur Pflege wird empfohlen, den Stein einmal im Monat unter fließendem lauwarmen Wasser zu entladen.

Aufladen kann man den Stein in einer Gruppe oder Druse von Amethystkristallen.

Rosenquarz

Dem Rosenquarz wird eine stärkende Wirkung auf das Herz, den Kreislauf und die Blutgefäße zugeschrieben. Er ist der Stein der Wahl zur Linderung von Herz- Kreislaufbeschwerden sowie zur Blutreinigung. Außerdem wurde er schon früher als Schutz- und Fruchtbarkeitsstein eingesetzt.

Rosenquarzwasser fördert das Zellwachstum der Haut und deren Regeneration. Bei rheumatisch bedingten Problemen der Knochen und Gelenke lindert eine Massage der betroffenen Körperstellen mit einem Rosenquarz die Schmerzen.

Im psychischen Bereich soll der Rosenquarz ausgleichend wirken und die Ausgeglichenheit fördern, was sich positiv im Zusammenleben innerhalb des Herdenverbandes auswirken kann.

Der Rosenquarz erhält seine typische rosa Färbung durch die Substanz Mangan. Seine Vorkommen liegen hauptsächlich in Madagaskar, Brasilien, in den USA und in Österreich.

Angebot und Pflege

Der Rosenquarz ist als Rohstein, Handschmeichler und Anhänger im Handel erhältlich. Zur Pflege wird er ein- bis zweimal unter fließendem lauwarmen Wasser entladen.

Aufladen kann man den Rosenquarz mit einem Bergkristall und einem Amethyst für ein paar Stunden in einer trockenen Schale.

Magnesit

Durch seinen hohen Magnesiumgehalt ist der Magnesit ein wichtiger Stein für Knochenaufbau und Sonnengeflecht.

Der Magnesit ist ein gelblich weißes Magnesiumcarbonat, dessen Fundorte in Österreich, Schlesien, Piemont und besonders auf Euboea liegen.

In der Therapie ist er der wichtigste Stein für trächtige Stuten. Diese sollten einen Stein zum Beispiel am Halfter tragen oder regelmäßig Magnesitwasser trinken. Es soll das Wachstum des Fohlens födern sowie Geschlechtsorgane und Gebärmutter kräftigen und durch seine krampflösende Wirkung eine leichte Geburt begünstigen. Auf die Psyche wirkt der Magnesit positiv, da er emotionale Verspannungen reduziert.

Pflege

Der Magnesit ist als Handschmeichler erhältlich und sollte in einer trockenen Schale mit Hämatit-Trommelsteinen entladen werden. Zum Aufladen legt man ihn in eine Schale mit klaren Bergkristallen.

Es ist unbedingt darauf zu achten, dass nur naturbelassene, weiße Steine eingesetzt werden. Da es ist ein persönlicher Stein ist, sollte er den Besitzer nicht wechseln.

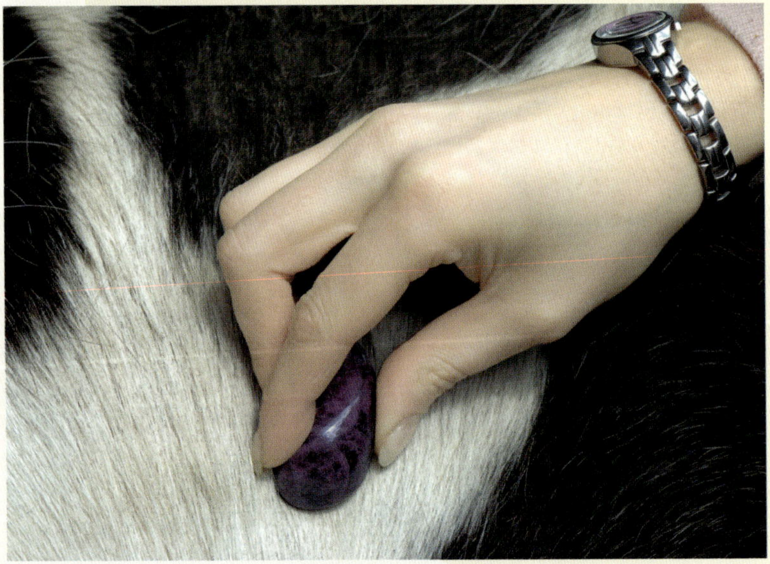

Durch eine Massage des Rückenbereichs mit dem Amethyst, nach einem Ausritt oder der Arbeit mit dem Pferd, können stressbedingte Verspannungen gelöst werden. Herz und Kreislauf beruhigen sich.

Edelsteintherapie bei Muskelschmerzen

Ein Fallbeispiel von Bianca Bauer

Tinkerwallach Blue

Mein Pferdepatient Blue, ein Irish Tinker, ist ein richtiges Familienpferd und wird freizeitmäßig geritten. Seit einiger Zeit leidet das Pferd unter leichten Muskelschmerzen in den Vorderbeinen, die ich mit Hilfe der Farb- und Aromatherapie behandelt habe.

Um die Wirkungen der Farb- und Aromatherapie zu nutzen, wählte ich eine gelbe Kompresse und legte Blue eine warme Eukalyptus-Kompresse an. Die Wärme der Kompresse sowie der Einsatz von 3 Tropfen Eukalyptusöl auf einem Liter warmen Wasser fördern die Durchblutung und lindern die Schmerzen in den Beinen.

Bei rheumatischen Beschwerden direkt im Gelenk, zum Beispiel bei nass kalter Witterung, lindert eine warme Eukalyptus-Kompresse die Schmerzen und regt die Durchblutung an. Zusätzlich kann über Nacht ein Rosenquarz das Wasser für die Kompresse anreichern, da dieser ebenso rheumatisch bedingte Schmerzen an Knochen und Gliedern lindert. Nicht nur Menschen sind durch Schmerzen träge oder im schlimmsten Fall wie gelähmt, Pferden ergeht es ähnlich. Depressionen aufgrund von Schmerzen wirkt die gelbe, belebende Farbe entgegen.

Farbtherapie

Den verschiedenen Anwendungsmöglichkeiten, die unter dem Begriff der Farbtherapie zusammengefasst werden, liegt die Annahme zugrunde, dass Farben das Wohlbefinden und die Gesundheit positiv beeinflussen können.

In unterschiedlichen Kulturkreisen sind verschiedene Therapieformen entstanden, die Farben zu Heilzwecken anwenden. Im alten Ägypten und in China wurden beispielsweise farbige Kleidungsstücke oder farbiges Licht eingesetzt. In Indien wurde innerhalb der Chakren-Lehre jedem Chakra und dem mit ihm in Beziehung stehenden Organ eine Farbe zugeordnet. In Europa beruht das Verständnis der Farbtherapie auf den Traditionen der Volksmedizin, Goethes Farbenlehre sowie dem Lüscher-Test, einem psychologischen Farbtest.

Allgemein werden Farben folgende Wirkungen zugeordnet:

Rot – anregend, belebend
Orange – wärmend, aktivierend
Gelb – aufheiternd, stimulierend
Grün – beruhigend, stabilisierend
Blau – kühlen, entspannend, beruhigend
Violett – inspirierend

Grundsätze und Methoden

Die Farbwahrnehmung der Tiere ist sehr unterschiedlich. So kann das Pferd einige Farben wie Gelb und Blau besser erkennen als Grün und Rot.

Der Laie wird sich die Frage stellen, wie die Farben wirken, wenn das Pferd diese nicht genau erkennt. Die Antwort beruht auf dem Grundsatz, dass Licht Energie ist. Darin liegt auch ein Grund, warum sich die meisten Menschen bei Sonnenschein und Frühlingswetter besser fühlen, als während der kürzeren Tage im Winter bei Nebel, Graupelschauer oder Regen.

Physikalisch gesehen hat jedes farbige Licht eine bestimmte Schwingungsfrequenz. Diesen ordnen Farbtherapeuten bestimmte Eigenschaften zu, die eine spezifische Wirkung auf Körper und Psyche haben.

Aus Sicht der Farbtherapeuten werden die verschiedenen Farbschwingungen über den direkten Hautkontakt oder als Lichtstrahlen auf den Organismus übertragen. Auf diese Weise wirken die Farben auch auf das Pferd. Das erklärt, warum die Therapie beim Pferd zum Einsatz kommen kann, obwohl es nicht alle Farbnuancen erkennt.

Die Farbtherapie kann auf verschiedene Art und Weise eingesetzt werden. Beim Pferd ist der Einsatz farbiger Abschwitzdecken, Halfter, Führstricke und Futtertröge, farbiger Anstrich der Stallwände aus Sicht von Farbtherapeuten denkbar, um das Wohlbefinden der Pferde zu fördern.

Der Einsatz farbiger Ausrüstungsgegenstände ist eine Methode innerhalb der Farbtherapie.

Bei Erkrankungen von Körper oder Psyche kann eine Farbtherapielampe eingesetzt werden oder die Behandlung in einem Thermium erfolgen. Dabei handelt es sich um ein Wärmestrahlungsbad, bei dem der positive Effekt der Wärme durch eine Farbstimulation ergänzt wird.

Was bewirken die Farben beim Tier?

- Anregung der Organfunktionen
- Vergrößerung von Quantität und Qualität der roten Blutkörperchen
- Begünstigung der Gewebebildung
- Unterstützung des Stoffwechsels
- Linderung von Entzündungen
- Bakterien tötende Wirkung
- Lösen von Eiterkeimen in oberflächlichen, eitrigen Prozessen und Förderung des Heilungsprozesses
- Lindern von Hautkrankheiten
- Beruhigend bei psychischen Störungen und Nervosität
- Belebend bei Apathie, ausgleichend bei Aggression.
- Stärkung des Immunsystems

Farben

und ihre Anwendung in der Praxis

Die Farbtherapie erfolgt über folgende Methoden

- **Farblicht**

Der gesamte Körper oder einzelne Körperteile werden mit entsprechend farbigem Licht bestrahlt, oder es erfolgt der Aufenthalt in einem speziellen Raum mit farbigem Licht.

- **Kleidungsstücke und Raumfarben**

Bei dieser Therapieform werden die Farben von Kleidung, Accessoires bzw. Ausrüstungsgegenständen (Halfter, Decken etc.) oder Wänden auf die Beschwerden abgestimmt.

- **Farbakupunktur**

Bei Anwendung der Farbakupunktur kommt ein Farblichtstift zum Einsatz, der direkt auf der Haut aufgesetzt wird und über Akupunkturpunkte oder Chakren wirkt.

Bei Funktionsstörungen von Organen setzen Farbtherapeuten die dem Organ zugeordnete Farbe ein, um die Funktion zu kräftigen. Komplementärfarben sollen Überfunktionen beruhigen.

Hydrotherapie

Von jeher wurde Wasser zu Heilzwecken eingesetzt. Als Väter der Wickel und Güsse sind Vincenz Priessnitz und Sebastian Kneipp bekannt.

Wasseranwendungen werden in verschiedenen Formen durchgeführt und sind beim gesunden Tier eine gute Möglichkeit der Gesundheitsvorsorge. Wasseranwendungen werden zur Entspannung nach dem Training oder zur Verbesserung der Durchblutung angewendet.

Wasseranwendungen gibt es in Form von Waschungen, Bädern, Güssen, Wassertreten, Wickeln oder Auflagen und Dämpfen. Das Wassertreten oder kontrollierte Schwimmen wird zunehmend auch bei Tieren eingesetzt. In Rehazentren gehören geflutete Laufbänder fast zum Standard, während das Schwimmbad für Pferde noch eine Ausnahme ist. Dabei wird die Auftriebskraft des Wassers genutzt: Der Körper behält in diesem Element lediglich zehn Prozent seines Eigengewichts. Der Reibungswiderstand kräftigt die geschädigte Muskulatur, denn auf dem Trockenen empfindet das Tier bei der Bewegung Schmerzen, die im Wasser stark reduziert werden.

Die Praxis der Wickel findet überall Anwendung, wo Krankheitsstoffe ausgeschieden werden sollen, die Blutzirkulation reguliert und der Organismus gekräftigt werden soll.

Die Wirkung des Wassers

Wasser kann Wärme und Kälte relativ schnell abgeben und wieder aufnehmen. Bei der Hydrotherapie bedeutet das, dass Wasser die Wärme schnell an die Haut hin- beziehungsweise wegleitet. Durch gleichmäßigen Druck werden alle zusammenpressbaren Gewebe des Organismus beeinflusst und durch Herabsetzung des Gewichts, aufgrund des Auftriebs, bei verringerter Muskelkraft eine Bewegung noch ermöglicht.

Zum Einsatz kommt die Hydrotherapie

- zur Verbesserung der Durchblutung
- zur Linderung von Schmerzen
- zur Entspannung
- als Reha-Maßnahme nach Operationen

Verschiedene Therapieformen

Abspritzen

Das Kühlen neu zugezogener Verletzungen durch Abspritzen mit kaltem Wasser ist eine der einfachsten Formen der Hydrotherapie, die jeder Pferdehalter selbst anwenden kann. Dazu sollte man das verletzte Bein über 15–20 Minuten mehrmals am Tag abspritzen. Kürzere Zeiten sind weniger effektiv, da die Blutgefäße nicht genug Zeit haben, zu reagieren. Der Wasserstrahl sollte so eingestellt werden, dass das Wasser das Bein gleichmäßig umhüllt und nicht mit hohem Druck punktuell auf eine Stelle trifft.

Aquatrainer

Eine umfassende Hydrotherapie erfolgt in vielen Rehazentren im Aquatrainer. Hier nutzt man zu den positiven Eigenschaften des Wassers vor allem den Auftrieb, um den Bewegungsapparat des Pferdes zu entlasten und die Muskulatur dennoch zu trainieren.

Im Aquatrainer können die Pferde gezielt therapiert werden.

Wasseranwendungen

werden nach bestimmten Regeln durchgeführt

- Je weiter die Wassertemperatur von der eigentlichen Körpertemperatur entfernt ist, desto stärker sind die Reaktionen.

- Beim Abspritzen immer auf der herzfernen Körperseite an der Hinterhand beginnen.

- Es ist auf die Toleranzgrenze des einzelnen Tieres zu achten. Wird es durch die Anwendung unter Stress gesetzt, so kann das die gewünschte Wirkung verringern oder zu unerwünschten Reaktionen führen.

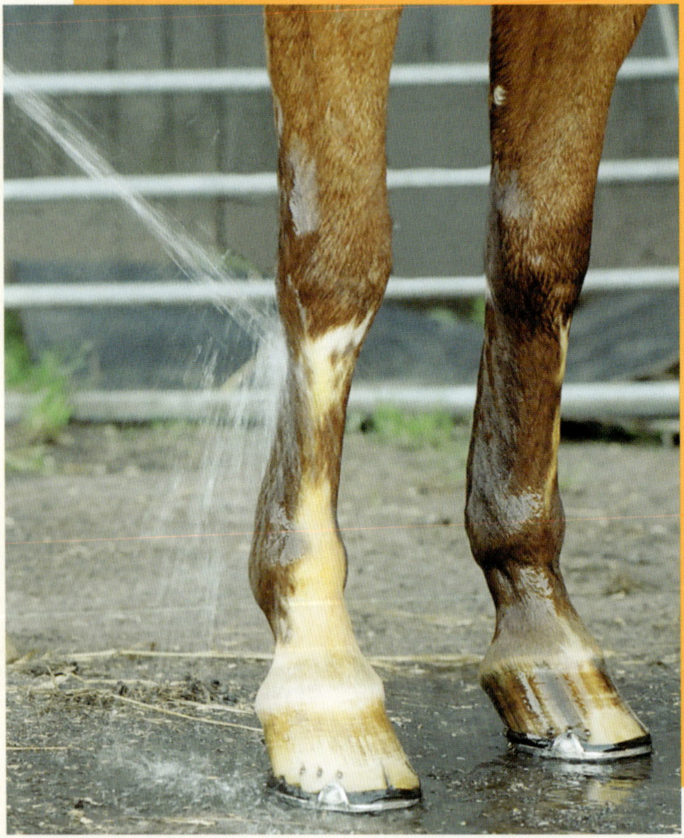

- Die Haut muss eine bestimmte Eigentemperatur aufweisen. Als Regel gilt, dass Kaltanwendungen grundsätzlich nur am warmen Körper durchgeführt werden dürfen, denn gut durchblutete Haut ist der beste Wärmeleiter.

- Tiere, die nervlich oder vom Gefäßsystem her labil sind, können lebensbedrohliche Fehlreaktionen entwickeln. Daher muss besonders achtsam vorgegangen werden.

- Bei der Anwendung von Güssen soll das Wasser das Körperteil gleichmäßig umhüllen und nicht punktuell mit hohem Druck treffen.

Wickel

Die Praxis der Wickel findet überall dort Anwendung, wo Krankheitsstoffe ausgeschieden werden sollen, die Blutzirkulation reguliert und der Organismus gekräftigt werden soll. Wickel werden gerne bei Prellungen und Druckstellen angelegt sowie an den Gliedmaßen, beispielsweise bei Gelenkentzündungen.
Beim Anlegen der Wickel gibt es je nach gewünschtem therapeutischen Effekt verschiedene Vorgehensweisen:

1. Der Wickel wird kalt angelegt und verbleibt am Körper
2. Der Wickel wir kalt angelegt und öfter erneuert
3. Der Wickel wird warm angelegt

Die Wirkung der Wickel kann durch Zusätze verstärkt werden. Hier einige Anwendungsbeispiele:

- **Heublumenabsud bei Gelenkleiden**

Drei Hand voll Heublumen werden etwa eine halbe Stunde in vier bis fünf Litern Wasser gekocht, dann abgeseiht. Das für den Wickel vorgesehene Baumwolltuch wird in diesen Sud eingetaucht und angelegt.

- **Eichenrinde bei Hauterkrankungen und Ekzemen**

Eine Hand voll Eichenrinde wird eine halbe Stunde gekocht, durchgeseiht. Das für den Wickel vorgesehene Baumwolltuch in diesen Sud eintauchen und angelegen.

- **Kochsalz als unterstützender Zusatz bei Bronchitis**

100 g Kochsalz werden in 5 Litern handwarmem Wasser aufgelöst und als Sud für einen Umschlag verwendet.

Magnetfeld-Therapie

Mit *Magnetismus* wird die Fähigkeit bezeichnet, bestimmte Stoffe anzuziehen oder abzustoßen.

Bei der Magnetfeldbehandlung handelt es sich um eine sehr alte Form der physikalischen Therapie. Die Ursprünge sind älter als unsere Zeitrechnung, sie können bis in die Zeit vor Christus zurückverfolgt werden. Schon in der Antike beschreibt Hippokrates (460–375 v. Chr.) Anwendungen mit pulverisierten Magnetsteinen und Paracelsus (1493–1541) nutzte der Überlieferung nach Magnete zur Therapie von Krämpfen und Entzündungen.

Lange Zeit war das Wissen um die Wirkungen des Magnetfeldes auf die Körperfunktionen in Vergessenheit geraten. Erst um das 15. bis 16. Jahrhundert gibt es in unserem Kulturkreis wieder Hinweise auf die Magnetfeld-Therapie.

Das heutzutage angewendete Verfahren, bei dem pulsierende Magnetfelder geschädigte Körperzellen positiv beeinflussen, wurde in den 70-er Jahren des vergangenen Jahrhunderts entwickelt.

Grundlagen und Wirkungsweisen

Grundlage der Magnetfeld-Therapie ist die Erkenntnis, dass der Erdmagnetismus Einfluss auf den Organismus hat.

Magnetfeld-Therapie

wird eingesetzt, um

- die Durchblutung zu verbessern
- den Sauerstoffgehalt zu verbessern
- den Zitronensäurezyklus der Zellen zu verbessern
- den Stoffwechsel zu stimulieren
- das Immunsystem zu stärken
- Wundheilungsprozesse zu beschleunigen
- den Körper zu regenieren und zu vitalisieren

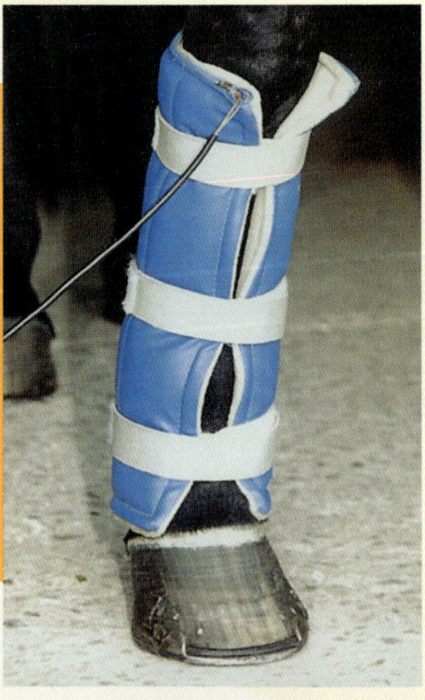

Jeder Organismus hat ein eigenes elektromagnetisches Feld, das für seine Gesundheit notwendig ist, und viele Lebensprozesse beruhen auf elektrischen Vorgängen wie zum Beispiel der Reizleitung zwischen Nerven und Muskeln. Elektrischer Strom und Magnetismus stehen in enger Verbindung, da elektrischer Strom immer von einem Magnetfeld umgeben ist.

Man geht davon aus, dass die schwachen Magnetfelder, die bei der Therapie mit unterschiedlicher Frequenz und Intensität eingesetzt werden, einen Einfluss auf das elektrische Leitvermögen der Zellen haben.

Achtung: Magnetfeld-Therapie darf **nicht** angewendet werden bei: Trächtigkeit, Infektionen, Pilzerkrankungen!

Der Einsatz von Magnetfeld-Therapie kann erfolgen durch:

- Magnetfeld-Gamaschen
- Magnetfeld-Decken
- Magnetfeld-Pflaster
- Elektrische Magnetfeld-Therapie-Geräte

Magnetfeld-Decken kommen bei Verspannungen der Rückenmuskulatur zum Einsatz.

In der Regel sind mehrere Anwendungen notwendig, bis der gewünschte therapeutische Effekt spürbar wird. Zum Einsatz kommt die Magnetfeld-Therapie in der Schulmedizin beispielsweise als ergänzende Behandlung bei Knochenbrüchen oder Arthrose. In der Naturheilkunde wird die Magentfeld-Therapie noch bei einer Reihe weiterer Erkrankungen eingesetzt.
Kritiker dieser Methode führen an, wie bei einigen Naturheilverfahren auch, dass es keine wissenschaftlichen Untersuchungen gibt, die die Wirksamkeit belegen.

Matrix-Rhythmus-Therapie

Muskelprobleme beim Pferd werden gerne mit Handgrifftechniken behandelt wie sie aus der Physiotherapie, Massage und Osteopathie bekannt sind. Aus der wissenschaftlichen Sicht des Arztes und Forschers Dr. Ulrich Randoll wurde der Skelettmuskulatur jedoch lange Zeit zu wenig Beachtung geschenkt. Seine Grundlagenforschung an der Universität Erlangen-Nürnberg führte zu einer marktfähigen innovativen Therapieform – der Matrix-Rhythmus-Therapie.

Bei der *Matrix* handelt es sich um ein visköses (zähflüssiges) Grundsystem, in dem die Zelle schwimmt und durch das sie ernährt wird. Der Stoffwechsel jeder Zelle erfolgt über das umliegende Milieu.

Bei der Matrix-Rhythmus-Therapie handelt es sich, der Erklärung des Arztes nach, um eine gleichzeitig wirkende Magnetomechanische-Schwingungstherapie, die mit einer definiert einstellbaren Frequenz (Schwingung/Zeit) und Amplituden-Modulation (Stärke) arbeitet. Durch die Kombination der magnetischen und mechanischen Wirkung unterscheidet sich diese Therapieform von der Magnetfeld-Therapie, bei der ausschließlich magnetische Felder eingesetzt werden und der Massage, die rein manuell angewendet wird.

Mit der Matrix-Rhythmus-Therapie wird eine extreme Tiefenwirkung erreicht, die zu einer Entspannung der oberflächlichen, aber auch tiefer gelegenen Muskelschichten führt, so dass zum Beispiel Muskelprobleme, aber auch Sehnen und Gelenkkapseln erfolgreich behandelt werden können. Ursprünglich wurde das Verfahren hauptsächlich in der Humanmedizin bei Leistungssportlern und in der Rehabilitation eingesetzt, findet aber zunehmend auch in der Tiermedizin Beachtung.

Dynamische Bewegungen durch perfektes Zusammenspiel

Die Skelettmuskeln sind sehr elastisch. Doch nur, wenn das Zusammenspiel aus Spannung und Entspannung funktioniert, kann das Pferd dynamische Bewegungen entwickeln. Verspannte Muskeln können ihre Aufgaben nicht mehr optimal ausführen, so dass die Beweglichkeit des Pferdes eingeschränkt wird.

Das Zusammenziehen der Muskeln, die Kontraktion, ist immer eine Reaktion auf Impulse der motorischen Nerven. Muskelanspannung ist also immer ein Vorgang, der aktiv von den Nerven ausgelöst wird, die den Muskel versorgen. Die Muskelentspannung dagegen erfolgt passiv, sobald keine Nervenimpulse mehr er-

Nach einer fachlichen Einführung kann die Matrix-Rhythmus-Therapie auch vom Pferdebesitzer angewendet werden.

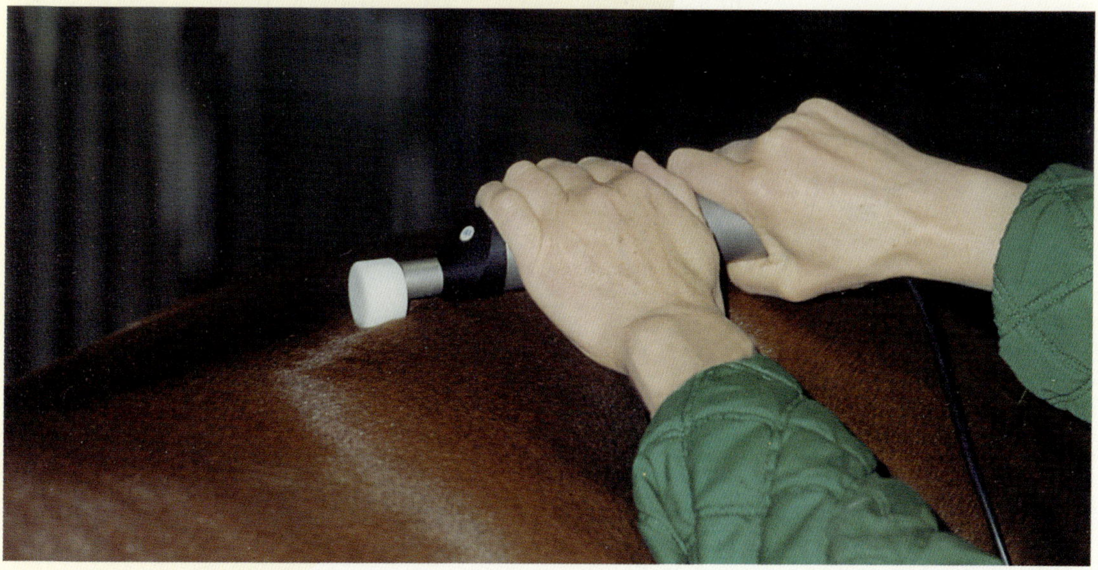

folgen. Bei einem verspannten Muskel bleiben die Muskelfasern dauerhaft angespannt, und es kommt zu einer Verspannung. Aus chronischen Verspannungen resultieren schmerzhafte Muskel-Sehnen-Entzündungen, Risse oder Abrisse. Diesen Zustand kann der Muskel nicht selbst lösen. Unbehandelt führt er zu Muskelverkürzungen mit Schmerzen und Bewegungseinschränkungen, die mit der Zeit immer stärker werden. Hier setzt die Matrix-Rhythmus-Therapie an und wirkt diesen Prozessen aktiv entgegen.

Die Matrix-Rhythmus-Therapie ist eine gezielt am Skelettmuskel ansetzende Schwingungstherapie, durch die aus dem Takt geratene biochemische und physikalische Prozesse im Körper zu ihren ursprünglichen, körpereigenen und gesunden Rhythmen zurückgeführt werden.

Matrix-Rhythmus-Therapie

wird eingesetzt,

- bei akuten und chronischen Schmerzen
- um die Regeneration von Zelle und Zellmatrix zu optimieren
- um eine sofortige Muskelentspannung zu erreichen
- zur Aktivierung des Stoffwechsels
- als Rehamaßnahme nach Verletzungen
- bei Verletzungen an Sehnen, Gelenkkapseln
- bei Narben

Die Matrix

Der Zustand der zellumgebenden Matrix ist entscheidend für die Versorgung der Zelle und hat eine entscheidende Bedeutung für die Leistungsfähigkeit der Zelle unter Belastung, aber auch bei allen Heilungs- und Erholungsprozessen.

In einem übersäuerten Umfeld verdickt sich die Matrixflüssigkeit, so dass der Stoffwechsel behindert wird. Das Resultat ist eine schlechtere Versorgung der Zellen mit Nährstoffen, die Durchblutung sowie die Sauerstoffzufuhr werden eingeschränkt, und gleichzeitig wird der Abtransport der stoffwechselbedingten Schlackenstoffe behindert. Der Säuregrad des Gewebes steigt an, und strukturelle Veränderungen an Muskeln, Gefäßen, Knochen oder Nerven können folgen. Anfangs machen sich solche Veränderungen nur diffus bemerkbar und sind noch nicht offensichtlich durch Röntgen oder Ultraschall darstellbar. Das Pferd fällt vielleicht durch Widersetzlichkeiten auf, arbeitet nur unwillig mit und hat Probleme, sich biegen zu lassen.

Durch die Matrix-Rhythmus-Therapie werden die Eigenschwingungen der Muskeln wieder hergestellt, so dass das Bindegewebsystem wieder optimal funktioniert, das heißt Durchblutung und Stoffwechsel normalisieren sich.

Das handliche Therapiegerät besteht aus einem elektrisch betriebenen Schwingungsgeber, dem Resonator und einem Applikator. Mit sanftem Druck wird der Applikator über die verspannte Muskulatur geführt. Dabei bremst die verhärtete Muskulatur den schwingenden Kopf. Entspannt sich der Muskel, wird sein Schwingungsverhalten readaptiert, es normalisiert sich.

Achtung:
Die Matrix-Rhythmus-Therapie darf **nicht** angewendet werden bei offenen, entzündeten oder infizierten Hautbereichen.

Vor dem Saunagang unbedingt Herz und Kreislauf checken lassen.

Für Pferde mit akuten Infektionen sowie für tragende Stuten ist der Saunagang tabu!

Sauna

Aufheizen und Abschalten – Saunieren wird auch in Deutschland immer populärer. Die von den Finnen importierte Schwitzkultur wird nicht nur wegen der entspannenden Wirkung geschätzt, sondern vor allem auch auf Grund der stärkenden Effekte für Körper und Geist. Wohlige Wärme, aromatische Düfte und Kräuterdämpfe sind die Quelle des Wohlbefindens von Körper und Seele. Auch Pferde können in diesen Genuss kommen.

Die Vorstellung, dass nun zwischen handtuchgeschürzten Saunagängern auf den hölzernen Stufen auch Pferde anzutreffen sein sollen, scheint erst mal befremdlich – und entspricht natürlich auch nicht der Realität. Für die vierbeinigen Besucher wurde eine spezielle Sauna entwickelt und von Tierärzten sowie Pferdephysiotherapeuten in der Praxis getestet. Sie schickten Pferde mit unterschiedlichsten Gesundheitsstörungen in die Sauna.

Vielfältige Einsatzgebiete

Hatte man bei der Grundidee zur Pferdesauna noch vor allem an die Behandlung oder Vorbeugung von Muskelverspannungen gedacht, wird inzwischen von den Praktikern eine breite Palette von Einsatzmöglichkeiten beschrieben: Muskelverspannungen und Übersäuerung der Muskulatur werden Dank der Sauna viel schneller abgebaut. Die Pferde werden entschlackt, dicke Pferde nehmen rascher ab, was bei Stuten oft den Nebeneffekt einer verbesserten Fruchtbarkeit hat. Blockaden in der Wirbelsäule lassen sich deutlich leichter lösen, wenn die Pferde zuvor in der Sauna aufgewärmt wurden. Ein weiterer Anwendungsbereich sind Atemwegserkrankungen.

Wie beim Menschen auch, dürfen Pferde mit akuten Infektionen nicht in der Sauna behandelt werden. Aber für die vielen chronischen Huster ist sie ein Segen.

Sauna

Wann kann ein Saunagang für Pferde sinnvoll sein?

- Zum Stärken des Immunsystems
- Zum Vorbeugen von Infekten
- Zur Verbesserung des Stoffwechsels (Ausscheiden von Schlackstoffen, Giftstoffen etc.)
- Bei Fruchtbarkeitsstörungen (besonders bei übergewichtigen Stuten)
- Bei Hautproblemen (z.B. Pilze, Ekzeme)
- Zur Entspannung der Muskulatur, besonders des Rückens
- Als Vor- und Nachsorge bei physiotherapeutischen, osteopathischen, chiropraktischen Behandlungen
- Zur Reinigung der Atemwege
- Bei chronischen Atemwegsproblemen (nicht jedoch bei bereits bestehender Dämpfigkeit)
- Zur unterstützenden Behandlung bei Vereiterungen von Stirn- und Nebenhöhlen
- Bei nervösen Reizzuständen

Das Prinzip

Der Saunabehandlung für Pferde liegt das gleiche Prinzip zugrunde wie jedem Saunabesuch: der gezielte Wechsel zwischen Aufheizen und Abkühlen des Körpers.

Sauna ist gut gegen Muskelkater!

Da der Körper versucht, seine Kerntemperatur möglichst konstant zu halten, schalten sich körpereigene Regulierungsvorgänge ein, wenn er sich in einer Umgebung mit extrem abweichenden Temperaturen befindet. Bei einem Saunabesuch ist der Körper großer Hitze ausgesetzt und nimmt die Wärme über die Haut und Schleimhäute auf. Über das Blut wird diese ins Körperinnere, sprich in kühlere Regionen, geleitet. Die Folge: Die Gefäße weiten sich, das Herz schlägt schneller und das Blut strömt schneller durch die Adern. Außerdem entwickelt der Körper Schweiß, um durch die entstehende Verdunstungskälte eine Überhitzung zu vermeiden.

Die Temperatur in der Pferdesauna liegt bei 40–75 Grad. Je nach gesundheitlichem Problem werden die Pferde bei trockener Hitze

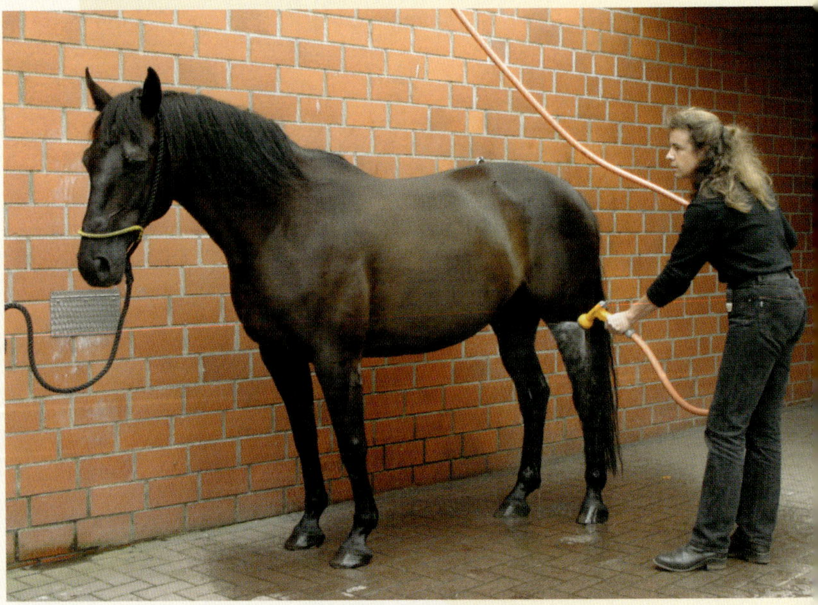

Wie beim Menschen wird der Saunagang auch für das Pferd mit dem gezielten Abkühlen des Körpers abgeschlossen.

oder feuchter Wärme behandelt, Kräuter oder ätherische Öle verdampft, zusätzlich wird der Rücken mit Infrarot bestrahlt und die Pferde nach dem Saunagang mit Kräuterabwaschungen verwöhnt.

Die Abkühlung nach dem etwa halbstündigen Saunagang erfolgt beim Verlassen des Schwitzkastens erst an der Luft und danach bei den Wasseranwendungen. Bei diesem Vorgang verengen sich die Gefäße wieder und die Hautdurchblutung wird kurzfristig vermindert. Nach dem Abkühlen erweitern sich die Gefäße rasch wieder, was zu einer verbesserten Durchblutung führt.

Saunabehandlung konnte Operation ersparen

Ein Fallbeispiel von Karin Kattwinkel

Der 10-jährige Wallach Dragon litt unter einer chronischen Stirnhöhlenvereiterung. Sein rechter Sehnerv war bereits angegriffen, das Pferd als Headshaker »abgestempelt« und nicht mehr reitbar. Auslöser war anscheinend ein Sturz beim Verladen gewesen, der eine Blockade im Genick verursacht hatte. Blockaden im Bereich des 1. und 2. Halwirbel stehen auch beim Menschen oft in Zusammenhang mit Stirn- und Nebenhöhlenvereiterungen.

Das Röntgenbild des Pferdes zeigte insbesondere auf der rechten Seite vollständig mit Sekret gefüllte Stirn- und Nebenhöhlen. Ein Abstrich wies verschiedene Bakterienstämme nach. Der behandelnde Tierarzt sah nur in der operativen Öffnung der Stirnhöhle eine Heilungschance, lies sich jedoch auf eine Saunabehandlung ein. Es folgten über mehrere Wochen täglich Saunagänge von anfangs 20 Minuten bei rund 45 Grad, die langsam auf 40 Minuten bei rund 70 Grad gesteigert wurden. Ein in der Sauna verdunstetes vom Tierarzt verordnetes schleimlösendes Medikament wirkte zusätzlich als » Inhalation«. Bereits nach wenigen Tagen begann der zähe Eiter, sich zu lösen.

Entscheidend für den Behandlungserfolg war das Lösen der Genickblockade mit der Wirbelthearpie nach Dorn. Das Röntgenbild der Abschlussuntersuchung zeigte keine Verschattung mehr, der Abstrich war ohne Befund – und der Tierarzt überaus positiv überrascht.

Solarium

Die Bedeutung des Sonnenlichts für die Gesundheit ist inzwischen bekannt und wissenschaftlich belegt. Doch nicht immer reicht das »natürliche Angebot« dieser Energiequelle aus.Eine breite Palette von Sonnenbänken und Solarien macht Mensch und Tier unabhängig von den Tageszeiten und den Launen der Natur und so kann man noch spät am Abend oder auch im Winter »Sonne tanken«.

Solarien haben auch schon vor geraumer Zeit im Pferdestall Einzug gehalten, wobei der Begriff *Solarium, der* sich in Reiterkreisen eingebürgert hat, für ganz verschiedene Gerätetypen und Besonnungstechniken verwendet wird. Der Begriff setzt das Solarium im Stall häufig mit dem Gerät im Sonnenstudio gleich, dessen Funktion das Bräunen der Haut ist und das in erster Linie mit UV-A-Licht arbeitet. Gute Besonnungsanlagen für Pferde decken dagegen das gesamte Spektrum der Sonne ab.

Hat das Pferd eine stark fiebrige Erkrankung, sollte es nicht im Solarium besonnt werden.

Das Spektrum der Sonne setzt sich zusammen aus dem

- oberen Bereich des mittelwelligen UV-B
- langwelligen UV-A
- gut sichtbaren Spektrum
- kurzwelligen Infrarot (IR-A) und dem
- mittel- und langwelligen Infrarot (IR-B/C)

Die Strahlung der Besonnungsanlage muss sich zusammensetzen aus mittelwelligem Infrarot, kurzwelligem Infrarot, sichtbarem Licht, langwelligem Ultraviolett und dem oberen Bereich des mittelwelligen Ultraviolett – also nicht langwelliges Infrarot, das nur eine reflektorische Wärmewirkung hat und nur aufheizt.
Es wäre auch völlig sinnlos, einzelne UV-A-Röhren einzusetzen, wie man sie von den Sonnenbänken kennt. Alle Spektralanteile in ihrem Zusammenspiel garantieren erst die sonnengleiche Wirksamkeit.

Wirkung der Besonnung auf den Organismus

Das Lichtsprektrum moderner Besonnungsanlagen entspricht dem natürlichen Spektrum der Sonne.

- **Aktivierung des Hormonhaushaltes**
Dadurch sind die Pferde ausgeglichener und ruhiger, haben eine höhere Konzentrationsfähigkeit, was zu besseren Leistungen führt. Außerdem wirkt sich die Besonnung positiv auf die Fruchtbarkeit aus.

- **Vitamin-D-Bildung**
Auf natürliche Weise bildet das Pferd Vitamin D. Das wirkt sich auf den Skelettaufbau positiv aus.

- **Schnellerer Abbau der Milchsäure**
und anderer Stoffwechselschlacken. Dadurch verringert sich die Kreuzverschlag-Gefahr.

- **Durchblutungsförderung**
und Entkrampfung der weiblichen Geschlechtsorgane. Dadurch verbessert sich die Aufnahmefähigkeit der Zuchtstuten und erhöht die Fruchtbarkeitsquote.

- **Zunahme des Muskeltonus**
Zunahme von Leber- und Muskelglykogen. Vermehrter Brennstoff zum sofortigen Verbrauch.

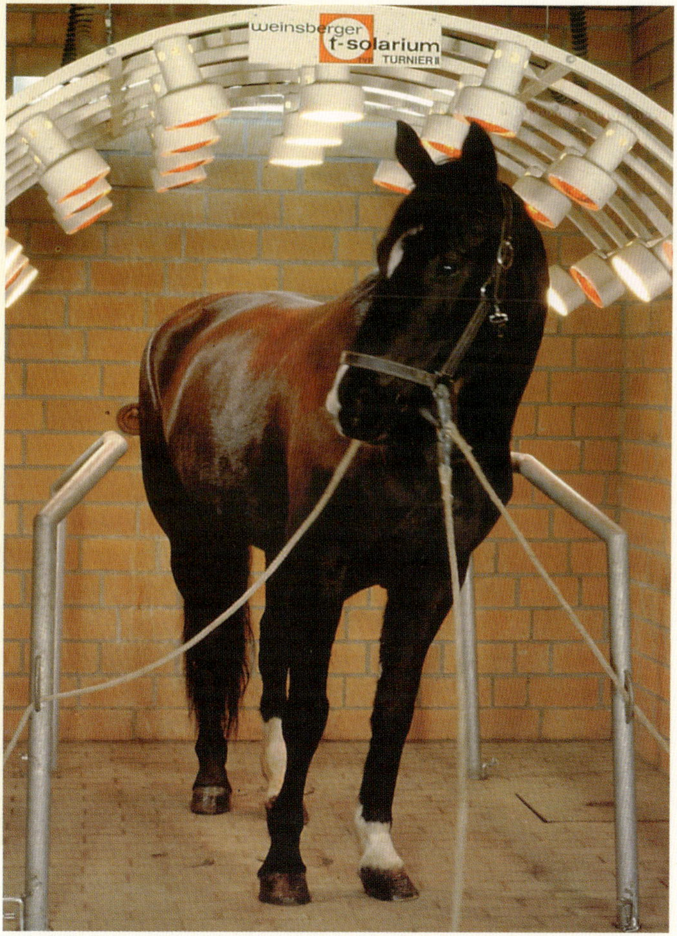

- **Erweiterung der Kapillaren**
Die kleinsten Verästelungen der Blutgefäße versorgen alle Muskelzellen mit Blutsauerstoff. Dadurch erhält man beim besonnten, stehenden Pferd eine ähnliche Wirkung wie beim Abreiten

- **Stärkung des Immunsystems**
Die Infektanfälligkeit sinkt.

- **Stabilisierung des Kreislaufs**
Die Herabsetzung der Ruhepulsfrequenz bei gleichzeitiger niedriger Belastungsfrequenz führt zu höheren Leistungsreserven

- **Direkte Beeinflussung innerer Organe**
Durch Besonnung »Headscher Zonen«, das sind Körperpartien, denen bestimmte Organe zugeordnet sind.

- **Appetitanregung**
Durch verstärkte Magensaftsekretion wird der Appetit der Pferde angeregt.

- **Verbesserung des Blutbildes**
Vermehrte Produktion von roten Blutkörperchen, vermehrter Gehalt an Blutfarbstoff, Lymphozyten und Blutplättchen. Vermehrte Blutcalciumwerte langfristig schon nach kürzeren Besonnungsperioden.

- **Schnellere Wundheilung**
durch vermehrten Abbau von Entzündungsprodukten und Anregung der Granulation

In den meistern Reitställen kommt das Solarium im Winter zum Einsatz, wenn die nass geschwitzten Pferde nach getaner Arbeit unter der »Sonne« trocknen sollen.

Vor dem Reiten oder Fahren hat die Besonnung eine stark vitalisierende Wirkung und wird daher auch als trainingsvorbereitende Maßnahme empfohlen.

Manuelle Methoden

Chiropraktik, Physiotherapie und Osteopathie gehören zu den manuellen Behandlungsmethoden, mit denen Bewegungseinschränkungen im Körper aufgespürt und behoben werden. Während die Therapie von Bewegungsblockaden in die Hände ausgebildeter Therapeuten gehört, gibt es einige vorbeugende Techniken, die auch medizinische Laien anwenden können.

Chiropraktik

Die Chiropraktik wurde zeitgleich zur Osteopathie von David D. Palmer ins Leben gerufen, der in Amerika wirkte. Entgegen der osteopathischen Ausbildung, zu der ausschließlich Mediziner Zugang hatten, konnte die Chiropraktik auch von medizinischen Laien erlernt werden. Heute stellt die Ausbildung zum Chiropraktiker einen eigenen Studiengang dar. Veterinärmediziner können in Amerika Lehrgänge für Chiropraktik für Tiere besuchen und mit einem Diplom abschließen. In Deutschland besteht seit 2001 die Gesellschaft für Veterinär-Chiropraktik.

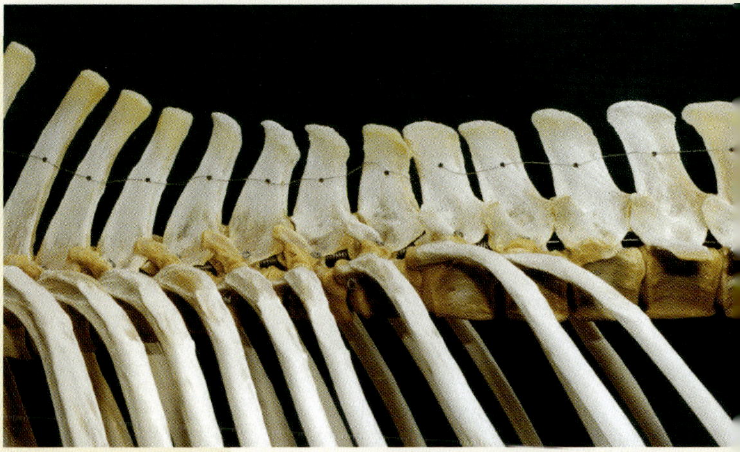

Chiropraktiker behandeln vorwiegend Funktionsstörungen der Wirbelsäule.

Die Chiropraktik konzentriert sich schwerpunktmäßig auf Funktionsstörungen der Wirbelsäule und der Gliedmaßengelenke. Sie arbeitet hauptsächlich mit Manipulationstechniken.

Chiropraktiker arbeiten mit dem Begriff der Subluxation der Wirbel und verstehen darunter eine Einschränkung der natürlichen Beweglichkeit eines Wirbels bzw. eines Wirbelgelenkes. In der Folge solcher Bewegungseinschränkungen kann es zu Muskelverspannungen, Steifheiten und deutlichen Leistungseinbußen kommen.

Liegt solch eine Blockade zwischen zwei Wirbelkörpern, kann diese Auswirkungen auf das Nervensystem haben, da die aus dem Rückenmark austretenden Nerven beeinträchtigt werden. Die reibungslose Reizleitung ist damit unterbrochen, so dass die in der Wirbelsäule ursächliche Blockade zu Störungen an ganz anderen Stellen im Körper führen kann, beim Tier zum Beispiel zu diffusen Lahmheiten oder inneren Erkrankungen.

Osteopathie

Dr. Andrew Still prägte den Grundgedanken der Osteopathie: Leben ist Bewegung

Dr. Andrew Taylor Still (1828–1917) entwickelte im 19. Jahrhundert die Osteopathie in den USA. Die Osteopathie hat einen ganzheitlichen Ansatz und behandelt Bewegungseinschränkungen von Gelenken, Muskeln und Organen. Im Gegensatz zur Chiropraktik werden auch cranio-sakrale Techniken angewendet, mit denen die Hirnhautverbindungen vom Schädel zum Kreuzbein mobilisiert werden können.

Die Osteopathie beruht auf dem Grundsatz, dass der Körper auf Bewegungseinschränkungen einzelner Körperstrukturen mit Verspannungen und Schmerzen reagiert, die unbehandelt zu chronischen Beschwerden und Folgeerkrankungen führen können.

Aus Sicht der Osteopathie unterscheidet man drei Bewegungsarten, die sich in allen Körperstrukturen abspielen:

1. **Mobilität**: Alle Bewegungen, die willentlich ausgeführt und vom Zentralnervensystem gesteuert werden.
2. **Motrizität**: Dazu zählen passive Bewegungen, wie die Darmperistaltik oder Bewegungen der Niere, die vom vegetativen Nervensystem kontrolliert werden.
3. **Motilität**: Bewegungen, die durch den Primären Atemmechanismus (PAM) entstehen.

Osteopathen spüren Bewegungseinschränkungen auf.

Eine Bewegungseinschränkung im osteopathischen Verständnis kann in allen Strukturen des Körpers auftreten, angefangen bei Gelenken, Muskeln, Sehnen und Bändern über Faszien, Blutgefäße, Nerven bis hin zur Haut. Häufige Ursachen für solche Einschränkungen der natürlichen Beweglichkeit sind beispielsweise Entzündungen, Verletzungen, Stürze oder Operationen. Beim Pferd kann ein Bewegungsverlust zusätzlich durch Einschränkungen des Hufmechanismus auf Grund eines fehlerhaften Hufbeschlags entstehen sowie durch eine ungeeignete Ausrüstung wie zum Beispiel unpassende Sättel oder Hilfszügel.

Die Osteopathie behandelt mit zwei Techniken:

1.Weiche Mobilisationen, die zur Behandlung der Muskeln, Sehnen, Bänder, Gelenkkapseln und zur Faszienbehandlung im Abdomen- und Beckenbereich eingesetzt werden. Die Bewegungen mit den Händen sind langsam, weich und anhaltend.

2. Harte Manipulationen. Diese werden als schnelle, harte, kurze Bewegungen, durch einen Stoß oder Zug ausgeführt und sollen Blockierungen eines Gelenkes oder Wirbels lösen. Diese Bewegung wird als THRUST bezeichnet.

Unter einer Wirbel- oder Gelenkblockierung versteht der Osteopath eine minimale Bewegungseinschränkung der Gelenkflächen zueinander, die zu schmerzhaften Reaktionen der Bänderansätze führen und durch unzureichende arterielle Gefäßversorgung und Nervenreizungen zu den oben beschriebenen Folgeerkrankungen führen kann.

Ziel der Osteopathie und Chiropraktik

Osteopathie und Chiropraktik gehen davon aus, dass durch eine Behandlung und das Lösen der ursächlichen Blockade die Selbstheilungskräfte des Körpers aktiviert werden. Im optimalen Fall soll eine Behandlung genügen.

Osteopathie

wird angewendet bei

- Steifheit
- Taktfehlern
- Lahmheit
- Rückenproblemen
- Widersetzlichkeiten
- schiefer Kopf- oder Schweifhaltung
- nach einem Trauma (Sturz, Schlag etc.)

Physiotherapie

In der Physiotherapie werden, im Gegensatz zu Chiropraktik und Osteopathie, ausschließlich weiche Mobilisationstechniken eingesetzt. Diese Behandlungsformen an bestimmten Muskelgruppen, therapieren verspannte oder verkürzte Muskeln. Sie verbessern die Elastizität der Muskeln, Sehnen und Bänder und fördern die Durchblutung der Muskulatur. Dabei werden durch das gezielte Kneten, Klopfen oder Ausstreichen Reize gegeben, die auf Haut, Muskeln und Lymphe wirken.

Die physiotherapeutischen Maßnahmen können in der Tiermedizin ebenso wie in der Humanmedizin trainings- und wettkampfbegleitend zur Prävention sowie zur Rehabilitation nach Operationen und Verletzungen eingesetzt werden. Dabei kann die Physiotherapie den Regenerations- und Heilungsprozess unterstützen und zu einer schnelleren Genesung beitragen. Entsprechende Übungen fördern beispielsweise den Aufbau der Muskulatur.

Während Osteopathie und Chiropraktik ausschließlich manuelle Techniken anwenden, werden in der Physiotherapie zudem technische Hilfsmittel eingesetzt, wie zum Beispiel Ultraschall, TENS-Gerät etc.

Ziele der Physiotherapie

- einer Verbesserung der Durchblutung von Haut, Muskeln, Sehnen, Bändern, Gelenkkapseln, Organen usw.
- eine verbesserte Zirkulation der Lymphe
- eine höhere Elastizität von Muskeln, Sehnen und Bändern
- weniger Verspannungen
- Herabsetzung des Verletzungsrisikos
- Entspannung nach Belastung

Nicht jedes Pferd darf behandelt werden

Entgegen der weit verbreiteten Meinung, dass manuelle Behandlungsmethoden im schlimmsten Falle nicht nützen, zumindest aber nicht schaden können, birgt die unsachgemäße manuelle Behandlung große gesundheitliche Risiken für die Patienten. Im Sinne der Pferdegesundheit ist daher die interdisziplinäre Zusammenarbeit von Tierärzten und Therapeuten von großer Bedeutung.

Möglichkeiten und Grenzen einzelner Behandlungskonzepte müssen immer individuell abgewogen werden. Zu jeder Art von Schmerzsymptomatik zum Beispiel gehört eine Diagnose durch den Tierarzt.

Mechanische Blockierungen in Verbindung mit Entzündungen oder Tumoren dürfen manuell nicht behandelt werden. Vorsicht geboten ist bei der Behandlung der Halswirbelsäule mit Schmerzsymptomatik. Diese Fälle müssen vor einer manuellen Behandlung immer erst röntgenologisch abgeklärt werden.

Lahmheiten gehören zuerst unter die Aufsicht eines Tierarztes. Bei alten Pferden ist eine manuelle Behandlung ebenfalls vorsichtig einzusetzen. Gerade da muss der Therapeut besonders sorgfältig abwägen, ob eventuell kompensatorische Blockaden vorliegen, die ein Gelenk vor Überbelastung schützen. Diese Blockaden haben Schutzfunktion und dürfen nicht gelöst werden. Wer trotzdem rigoros osteopathisch oder chiropraktisch behandelt, kann schwer zu therapierende Lahmheiten auslösen.

Mechanische Blockierungen in Verbindung mit Entzündungen oder Tumoren dürfen manuell nicht behandelt werden.

Vorsicht ist geboten bei der Behandlung der Halswirbelsäule mit Schmerzsymptomatik. Diese Fälle müssen vor einer manuellen Behandlung immer erst röntgenologisch abgeklärt werden, da eventuell Veränderungen im knöchernen- oder Bänderapparat vorliegen, so dass sich der Zustand durch eine osteopathische oder chiropraktische Behandlung verschlechtern kann.

Dehnung der Vordergliedmaße nach vorne (kranial)

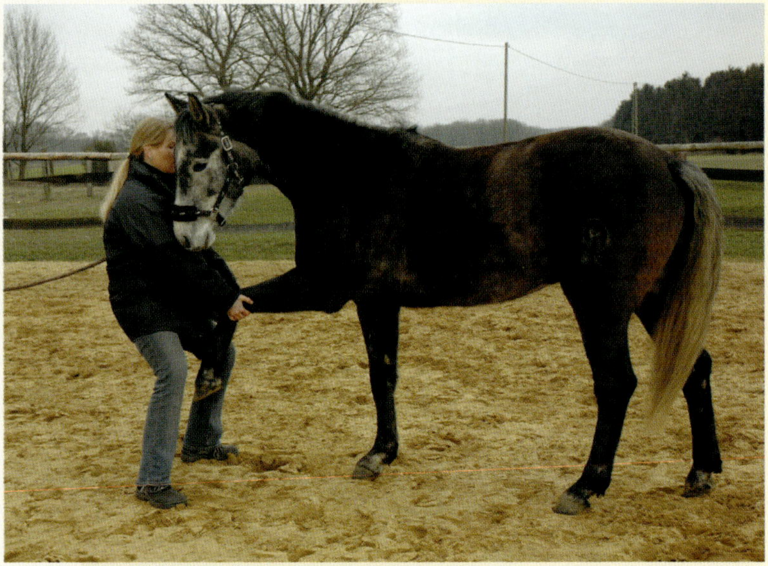

Dehnung der Vordergliedmaße nach hinten (kaudal)

Dehnung der Hintergliedmaße nach vorne (kranial)

Dehnung der Hintergliedmaße nach hinten (kaudal)

Dehnungsübung für den Hals
Das Pferd folgt einer Möhre bis kurz hinter das Schulterblatt.
Diese Übung sollte immer zu beiden Seiten ausgeführt werden.

Dehnung des Halses nach unten
Das Pferd dehnt sich am besten auch wieder einer Möhre folgend bis unterhalb des Vorderfußwurzelgelenks.

Aufwölben der Brustwirbelsäule
Streicht man mit dem entsprechendem Fingerdruck oder einem Holzstäbchen in der Mitte der Bauchunterseite von hinten nach vorne, wölbt das Pferd den Rücken im Bereich der Brustwirbelsäule auf.

Rückenübung
Ein gezielter, aber gefühlvoller Druck auf beiden Seiten der Kruppe bringt das Pferd reflektorisch dazu, den Rücken aufzuwölben. Dadurch werden die Wirbel der Lendenwirbelsäule auseinander gezogen.

Ohrtechnik (Beruhigend)

Die Ohren werden vom Ansatz bis in die Spitzen mit leichtem Zug zur Seite ausgestrichen.

Und die Ohrspitzen werden mit sanftem Druck und kreisenden Bewegungen mit dem Daumen massiert.

C7 Technik (Entspannung)

Ein mäßiger Druck auf den 7. Halswirbel (C7 = Akupressurpunkt) bringt deutliche Entspannung. Das Pferd senkt den Kopf, dehnt und entspannt seinen Hals und Rücken.

Mähnenkamm-Technik (Entspannung)
Den Mähnenkamm vom Kopf bis Widerrist mit mäßigem Druck kneten oder mit sanften Schüttelungen hin- und herbewegen. Die Pferde entspannen, senken den Kopf und dehnen dadurch die Hals- und Rückenmuskulatur

Schweif-Technik (Lockerung und Entspannung)
Schweif kurz unterhalb des Ansatzes aufnehmen, durch leichte Pendelbewegung hin- und herbewegen.

Streichungen erfolgen mit der flachen Hand und werden mit wenig Druck ausgeführt. Sie dienen der Kontaktaufnahme. Dabei kann man in Längsrichtung streichen, aber auch Kreise oder Achten beschreiben. Streichungen fördern die Durchblutung und beruhigen.

Schüttelungen wirken wie auch Streichungen und Zirkelungen entspannend.

Handballen-zirkelungen werden mit der flachen Hand und etwas mehr Druck als die Streichungen ausgeführt.

Die Haut und die darunter liegenden Schichten werden durch kreisende Bewegungen mit der flachen Hand verschoben.

Fingerzirkelungen werden mit den Fingerkuppen in kleinen kreisenden Bewegungen ausgeführt.

Durch die kleinere Kontaktfläche, ist die Wirkung stärker, als bei den Zirkelungen mit der Hand.

Energetische Heilmethoden

Energetische Heilweisen – wie die Akupunktur – sind seit Jahrtausenden bekannt und ihre Wirkung wird zunehmend von der Wissenschaft anerkannt. Sie unterstützen die Selbstheilungskräfte des Körpers und können mit verschiedenen Therapien verbunden werden.

Akupunktur und Akupressur

Der »Große Wildbach« ist nur ein kleiner Punkt, die »Mächtige Brandung« nicht zu hören und »Fließende Tränen« sind kein Grund zur Traurigkeit – das lehrt das Wissen rund um die chinesischen Heilmethoden der Akupunktur und Akupressur.

In China wird seit Jahrtausenden die Heilmethode des Zhen-Jiu, d.h. Stechen und Brennen angewendet und hat unter der Bezeichnung Akupunktur zunehmend Eingang in die westliche Medizin gefunden.

Akupunktur und Akupressur wirken auf dem Gebiet der Energetik. Sie beruhen im chinesischen Verständnis auf dem Energiefluss, *Qi*, durch den Körper. Ein zweites Prinzip ist das Gleichgewicht von *Yin* und *Yang*. Die Chinesen bezeichnen mit Yin das Dunkle und Kühle und mit Yan das Helle und Warme. Yin und Yang fließen als Lebensenergie auf den Meridianen, und die Chinesen gehen davon aus, dass sich Yin und Yang im Gleichgewicht befinden müssen, damit ein Lebewesen zur Harmonie findet. Da die fernöstli-

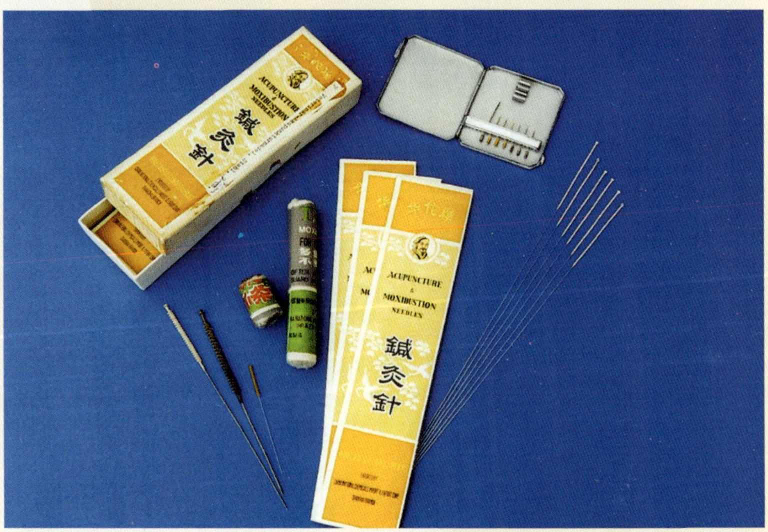

Die Akupunkturnadeln für Pferde sind unterschiedlich lang und dick.

chen Heilmethoden einen ganzheitlichen Ansatz haben, stellt in ihrem Sinne eine Erkrankung immer eine Störung des energetischen Gleichgewichts im gesamten Körper dar. Die Aufgabe besteht darin, das Ungleichgewicht im Körper zu lösen und abzubauen.

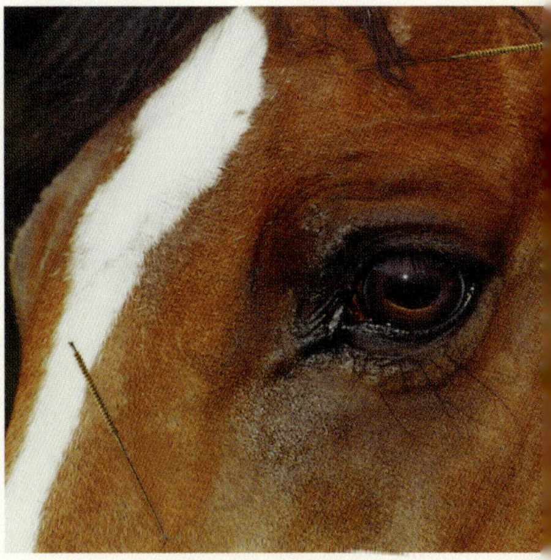

Die Stärke der Akupunkturnadeln richtet sich danach, in welcher Körperregion sie gesetzt werden.

Die Meridiane

Meridiane sind im Sinne der chinesischen Medizin Energieleitbahnen, die den Körper wie ein Flusssystem überziehen. Neben den 12 paarigen Hauptmeridianen gibt es acht außerordentliche Meridiane. Von den letzten beiden sind besonders das Ren Mai (Konzeptionsgefäß) und das Du Mai (Lenkergefäß) wichtig. Energiestauungen innerhalb des Meridiansystems verursachen Schmerzen, die sich in Verspannungen, Rückenschmerzen und Lahmheiten äußern. Werden solche Energieblockaden über einen längeren Zeitraum nicht gelöst, können sich pathologisch-anatomische Veränderungen entwickeln. In allen Meridianen können verschiedene Zustände wie Stau, Fülle oder Leere entstehen, die zu Schmerzen oder Erkrankungen führen. Am anschaulichsten lassen sich die Meridiane wie ein verzweigtes Flusssystem beschreiben. Wird dieses System an einer Stelle blockiert, staut sich das Wasser, an andere Flussverzweigungen dagegen gelangt nun kein Wasser mehr.

Um Störungen auf den Meridianen zu finden, untersucht der Akupunkteur die so genannten Zustimmungspunkte (Shu-Punkte) und Alarmpunkte (Mu-Punkte) am Körper. Erweist sich ein Mu-Punkt schmerzhaft auf Fingerdruck, deutet dieses auf eine Störung des zugehörigen Meridians hin. Das Abtasten der Shu-Punkte ist eine weitere wichtige Methode zur Meridiandiagnostik. Auf dem Rücken des Pferdes liegen auf dem inneren Verlauf des so genannten Blasenmeridians 12 Shu-Punkte. Jeder Punkt hat eine enge Beziehung zu einem chinesischen Funktionskreis. Bei Störungen im Meridiansystem werden entsprechende Shu-Punkte schmerzhaft. Um eine genaue Diagnose stellen zu können ist es aber nicht ausreichend, die Akupunkurpunkte zu kennen. Voraussetzung sind genaue Kenntnisse über den Verlauf der Meridiane sowie umfassendes Hintergrundwissen der chinesischen Medizin. Dieses komplexe Wissen vorausgesetzt, lassen sich verschiedenste Krankheitsbilder erkennen und ihre Ursachen beheben. Das gilt sowohl für psychische Veränderungen, innere Krankheiten, wie zum Beispiel Husten, aber auch für massive äußere Beeinträchtigungen wie verschiedene Formen der Lahmheit.

Akupressur kann das Wohlbefinden stärken, das Immunsystem unterstützen und leichte Muskelverspannungen lösen.

Bei der Akupunktur werden die Akupunkturpunkte durch das Setzen der Nadeln stimuliert. Die elektrische Leitfähigkeit dieser Punkte ist erhöht und ihr Hautwiderstand verringert. Durch Aufsetzen und verglühen von Moxakraut auf den Nadeln kann der Akupunkteur bei der so genannten Moxibustion dem Körper zusätzlich Energie zuführen. Untersuchung und Behandlung setzen genaueste fachliche Kenntnisse sowie ein hohes Maß an Sensibilität und Erfahrung voraus. Denn mit falschem Setzen der Nadeln kann viel Schaden angerichtet werden. Im Gegensatz zur Akupunktur, die also nur von Fachleuten angewendet werden darf, können medizinische Laien Akupressur erlernen und damit ihre Pferde zwar nicht von Krankheiten befreien, aber doch das Wohlbefinden stärken. Durch Akupressur lassen sich zum Beispiel leichte Muskelverspannungen lösen, aber auch Psyche und Immunsystem positiv beeinflussen.

Wie stellt man Störungen im Meridiansystem fest ?

Um Energiestauungen in den Meridianen feststellen zu können, braucht man genaue Kenntnisse über deren Verlauf sowie über die Lage der Akupunkturpunkte.

Bei Störungen innerhalb des Meridiansystems werden entsprechende Punkte schmerzhaft und erlauben so dem Untersuchenden eine Diagnose.

Unter Umständen drängt sich der Gedanke auf: »Prima! Das ist ja dann ganz einfach. Da steche ich alle schmerzhaften Punkte und schon sind alle Meridianstörungen beseitigt und das Pferd ist geheilt.« Leider geht es nicht so einfach. Mit dieser Art der Anwendung würde das Grundleiden nicht erkannt und der Krankheitsprozess nur kurzfristig verbessert.

Um das zu veranschaulichen, hilft ein Bild: Stauen wir einen größeren Flussarm, dann erhalten viele kleine Verzweigungen dahinter kein Wasser, während sich davor das Wasser in die größeren Flussarme zurückstaut. Auf unsere Meridiane bezogen bedeutet dieses, dass viele Punkte druckempfindlich sind, da viele Flussabzweigungen durch den Stau betroffen werden. Aber in Wirklichkeit liegt nur eine Hauptstörung vor. Staue oder löse ich jetzt an vielen Stellen, bringe ich womöglich das ganze Flusssystem völlig durcheinander und habe die Hauptblockade immer noch nicht erkannt.

Aus diesem Grunde muss die Primärerkrankung abgeklärt werden und dann entscheidet der Akupunkteur, welcher Meridian betroffen ist und welche Punkte genadelt werden müssen.

Vorsorge und Nachsorge

Oft empfehlen sich Akupunktur und Akupressur auch als Reha-Maßnahmen zum Beispiel zum Aufbau des Immunsystems nach Infektionen oder nach überstandenen Operationen zum Aufbau der Muskulatur. Ebenso effektiv kann die Behandlung als Vorbeugungsmaßnahme sein, um die Abwehrkräfte eines gesunden Pferdes zu stärken, wenn vielleicht durch nass-kalte Witterung oder erkrankte Stallgenossen besondere Ansteckungsgefahr droht. Das gilt besonders bei Infektionen der Atemwege.

Die Augenakupressur wirkt sehr entspannend. Sie sollte immer an beiden Augen über mindestens 30 Sekunden erfolgen.

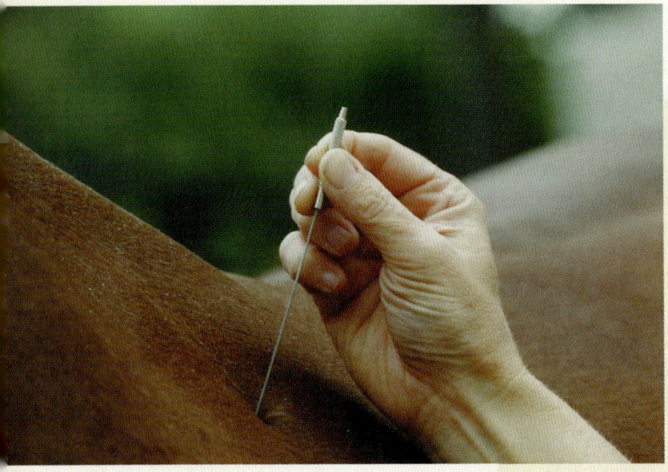

Der Akupunktur sind immer Grenzen gesetzt, wenn mechanische Blockaden bestehen oder irreparable Veränderungen an Organen vorliegen. Führt eine osteopathische Läsion zu einer Bewegungseinschränkung, sollte die Akupunktur nach der osteopathischen Behandlung angewendet werden.

Die Akupunktur ist nur ein Teil der Traditionell Chinesischen Medizin. Die chinesische Medizin stellt den Oberbegriff dar und stützt sich auf drei Säulen.

Die Akupunktur kann vielseitig eingesetzt werden von Schmerztherapie über Bewegungsstörungen bis zu inneren Erkrankungen und Verhaltensstörungen.

1. Phytotherapie

Die Pflanzenheilkunde hat lange Tradition in China. Sie wird zur Behandlung, aber auch zur Vorbeugung und Stärkung des Organismus eingesetzt.

2. Diätetik, Bewegungs- und Atemtherapie

Zur ärztlichen Therapie gehört eine spezielle Diät. Atemübungen wie Qi-Gong oder Tai-Chi-Twan lernen alle Chinesen. Diätfütterung findet zum Beispiel bei Pferden mit wiederholt auftretenden Koliken oder bei Pferden mit Hautallergien Anwendung.

3. Akupunktur

Bei 1/3 der Erkrankungen wird Akupunktur alleine eingesetzt. Meistens erfolgt eine Kombination mit 1. und 2.

Yin und Yang

Allen drei Bereichen liegt als theoretisches Fundament die Lehre von Yin und Yang und Qi zugrunde. Man kann sich vorstellen, dass Yang dabei mehr das sich Bewegende darstellt. Yin beschreibt das Strukturelle; das Herz beispielsweise ist Yin, der Herzschlag Yang. Deshalb haben sie das bekannte Zeichen von Yin und Yang, die Monade. Sie stellt das optimale Gleichgewicht zwischen beiden Strukturen dar und beide bilden zusammen eine Einheit.

Die Theorie von Yin und Yang beinhaltet, dass in der Natur jedes Objekt oder Phänomen aus zwei gegensätzlichen Aspekten besteht, zum Beispiel Kälte und Nacht für Yin und zu Yang: Hitze, Tag, aktiv, rot.

Wie funktioniert die Akupunktur ?

Die Akupunktur gehört zu den Regulationstherapien. Es wird nicht allein das erkrankte Organ behandelt, sondern das ganze Individuum. In der chinesischen Vorstellung bedeutet Krankheit eine Störung im energetischen Gleichgewicht des ganzen Organismus. Die Aufgabe der Akupunktur besteht demnach im Lösen und Abbauen dieser Ungleichgewichte und Energiestauungen, mit dem Ziel der Harmonisierung.

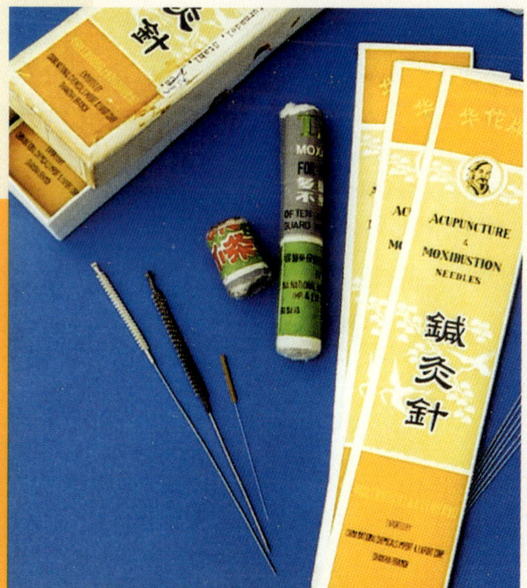

Akupunktur

wird zum Beispiel eingesetzt bei

- Rückenschmerzen
- Lahmheiten
- Headshakern
- Atemwegserkrankungen
- Chronischem Durchfall
- Appetitlosigkeit
- Sommerekzem
- Leistungsabfall
- Wachstumsstörungen

Dabei wird nicht zwischen Psyche und körperlichem Gebrechen unterschieden, sondern aus ganzheitlicher Sicht, beide Komponenten zur Diagnosefindung benötigt. Die Akupunkturbehandlung erfolgt mit Nadeln, die in besondere Hautareale (Akupunkturpunkte) gestochen werden. Die elektrische Leitfähigkeit dieser Punkte ist stark erhöht, ihr Hautwiderstand erniedrigt. In neuerer Zeit wird zur Stimulation der Punkte auch Laser- oder Elektroakupunktur angewendet.

Zusätzlich kann man durch Aufsetzen und Anzünden von Moxakraut eine gezielte Wärmezufuhr auf Akupukturpunkte durchführen. Das Kraut besteht aus getrockneten Beifußblättern (Artemisia vulgaris). Diese Behandlungsform führt dem Körper Energie zu und wird Moxibustion genannt.

Wenn die Akupunktur korrekt ausgeführt wird, können Nebenwirkungen praktisch ausgeschlossen werden. Da die Akupunktur nicht die Symptome, sondern die Grunderkrankung zu behandeln versucht, kann eine Erstverschlimmerung der Krankheitssymptome nach der Therapie auftreten. Diese ist jedoch nur von kurzer Dauer und Ausdruck dafür, dass der Patient auf die Behandlung angesprochen hat.

Die Laserakupunktur wird überwiegend zur Linderung von Schmerzen und zur Verbesserung der Wundheilung eingesetzt.

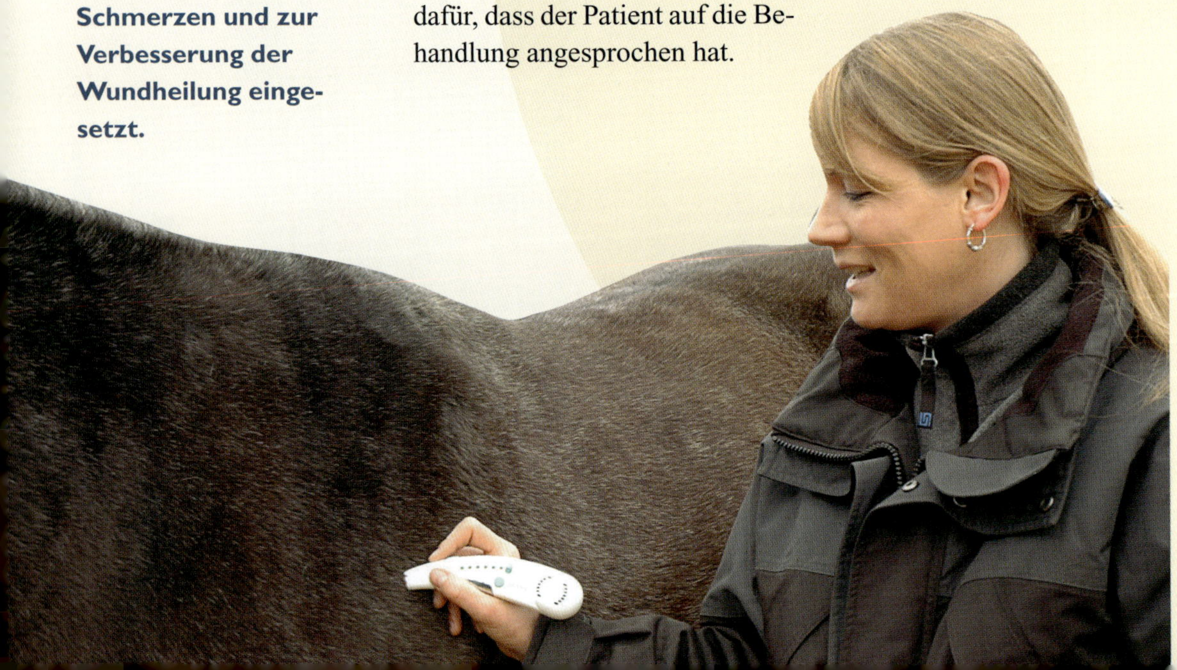

Wirkt Akupunktur auch bei psychischen Problemen?

Die chinesische Medizin trennt niemals Körper und Geist, sondern verbindet immer die Psyche mit dem körperlichen Beschwerden. Betrachten wir das individuelle Verhalten unserer Pferde. Es gibt aufmerksame, eifrige Pferde, aber auch solche, die desinteressiert und mit wenig Lust auf ihren Reiter reagieren.

Gesundheitserhaltung und Leistungsförderung

Ein abschließendes Wort zum Krankheitsverständnis der Chinesen. Im alten China bekam der Leibarzt des Kaisers ein festes, gut bemessenes Gehalt. Er flüchtete aber sofort, oder wurde getötet, wenn der Kaiser ernstlich erkrankte. Sein Vergehen war, dass er nicht frühzeitig genug erkannt hatte, dass eine Erkrankung im Entstehen begriffen war.

Ein Pferd, welches im Stall regelmäßig ein Vorderbein vorstellt, ein Pferd, das sich in der Boxe nicht mehr anfassen lassen will, oder ein Pferd, das immer freudig gesprungen ist und plötzlich am Sprung verweigert, all diese Pferde sagen dem aufmerksamen Beobachter: »Ich habe ein Problem.«

Ein Akupunkteur kann häufig in diesem Stadium helfen. Wir erwarten von unseren Pferden teilweise Höchstleistung. Diese kann nur geleistet werden bei einer optimaler Versorgung und dazu gehört in erster Linie eine Krankheits-Vorbeugungsbetreuung und zweitens nach überstandenen Lahmheiten und Erkrankungen eine ausgewogene Nachbetreuung.

Außer der klassischen Akupunktur mit Nadeln, gibt es noch folgende Akupunkturformen

- **Ohrakupunktur**

Die Ohrakupunktur ist eine sehr wirksame Methode, die allein oder in Kombination mit der Körperakupunktur angewendet wird. Dazu werden sehr kurze, dünne Nadeln verwendet. Diese sind am Griff mit einem Pflaster verbunden, so dass die Nadel als Langzeitnadeln gesetzt werden und etwa eine Woche in der Haut verbleiben.

Akuinjektion
Diese Form der Akupunktur wurde in den 90er-Jahren häufig angewendet. Homöopathische Arzneimittel oder physiologische Kochsalzlösungen werden dabei in die Akupunkturpunkte gespritzt.

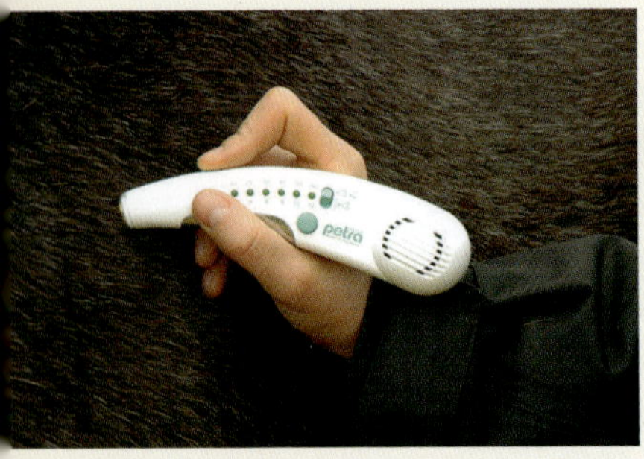

Laserakupunktur

Laserakupunktur und TENS können vom Pferdebesitzer, in Verbindung mit dem Tierarzt oder Akupunkteur, angewendet werden.

Elektropunktur
Die Stimulation der Akupunkturpunkte erfolgt über dosierte elektrische Impulse zum Beispiel durch elektrische Griffel oder Elektroden

Elektroakupunktur
Die Akupunktur erfolgt über Anlegen von Klemmen an gesetzten Akupunkturnaden und deren Stimulation über elektrischen Strom mit unterschiedlichen Frequenzen und Stromstärken.

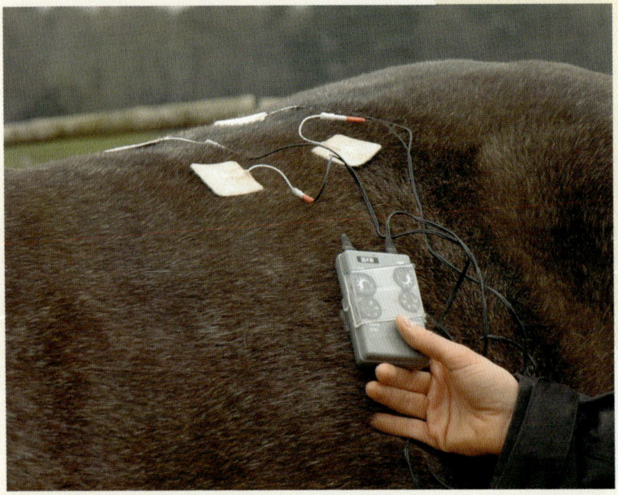

Laserakupunktur
Der Laser kann zur Behandlung von Akupukturpunkten am Körper und an den Ohren eingesetzt werden. Für die Einzelpunktbehandlung gibt es einstrahlige Geräte mit unterschiedlichen Frequenzen.

Die transkutane elektrische Nervenstimulation (TENS) findet in der Schmerztherapie Anwendung und erfolgt wie die Elektroakupunktur über Strom.

Praktische Akupressur im Alltag

Mit Hilfe der Akupressur können Angst- und Verspannungszustände der Pferde gelindert werden und die Psyche des Pferdes lässt sich durch die Akupressur positiv beeinflussen. Zu diesem Zweck soll die Akupressur täglich angewendet werden. Ein Shen-Typ, der plötzliche Angstzustände entwickelt, bekommt einmal täglich Ni 3 (Taixi) akupressiert. Zusätzlich kann der Reiter den Yin-Yang-Ausgleich anwenden.

Erscheint das Pferd seinem Reiter über Tage oder gar Wochen unausgeglichen und ärgerlich, kann die Akupressur von Le 3 (Taichong) einen psychischen Ausgleich schaffen. Mit der Akupressur kann der Stress für ein Pferd vor aufregenden Ereignissen, wie einem Stallwechsel, Turnier oder Transport gemildert werden.

Wichtig ist, nicht unmittelbar vor der bevorstehenden Situation zu akupressieren, sondern drei Tage vorher damit zu beginnen.

Leichte Muskelverspannungen können über die Akupressur beeinflusst werden. Wirkungsvoller ist es aber, mit einem Akupunkteur zusammenzuarbeiten, der zuerst Akupunkturnadeln setzt und dann spezielle Punkte akupressieren lässt.

Der Yin-Yang-Ausgleich wird über die Punkte Yintang, Renzong und Chengyiang erreicht.

Yintang

Renzong

Chengjiang

Akupressur

Der Ying-Yang-Ausgleich ist eine Kombination aus drei Punkten

Einen Yin-Yang-Ausgleich durchzuführen bedeutet, seinem Pferd einen geistigen und körperlichen Ausgleich zu schaffen.

Yintang

Dieser Punkt liegt in der Mitte der Stirn oberhalb der Augen und wirkt schmerzstillend. Er beruhigt den Geist und kann als zusätzlicher Punkt gegen Angt massiert werden.

Renzong

Der Punkt Renzong befindet sich zwischen den Nüstern auf dem Lenkergefäß. Seine Akupressur hat eine beruhigende Wirkung.

Chengjiang

Dieser Akupunkturpunkt liegt in der Vertiefung an der Unterlippe, wo die behaarte in die unbehaarte Haut übergeht.

Für den Yin-Yang-Ausgleich werden immer alle drei Punkte nacheinander akupressiert. Der Yintang sollte mindestens 60 Sekunden, die beiden anderen Punkte jeweils 30 Sekunden massiert werden. Der Yin-Yang-Ausgleich kann wiederholt und zu jedem Zeitpunkt durchgeführt werden.
Zur Akupressur werden die Fingerkuppen mit leichtem Druck auf den jeweiligen Punkt gelegt und verharren dort etwa 20 Sekunden. Danach massiert man den Punkt mit kleinsten Bewegungen im Uhrzeigersinn.

Manuelle Behandlungsmethoden in Beziehung zur Akupunktur

Führt eine mechanische Läsion zu einer Bewegungseinschränkung, sollte die Akupunktur in der Regel nach der manuellen Behandlung angewendet werden. Reitpferde, die häufig Fehlbelastungen kompensieren, tendieren dazu, in den ursprünglichen »kranken« Zustand zurückzufallen, so dass Blockaden nicht dauerhaft behoben werden können. Die Praxis hat gezeigt, dass eine Akupunkturbehandlung nach dem Lösen der Bewegungseinschränkung den osteopathischen oder chiropraktischen Behandlungserfolg stabilisiert und die Wahrscheinlichkeit für ein Rezidiv

Akupunktur und Akupressur lindern Turnierstress

Ein Fallbeispiel von Dr.med. vet. Ina Gösmeier

Wenn es am Wochenende zum Turnier ging, ließ sich der siebenjährige Fuchswallach Pedro immer problemlos verladen.

Nach den Prüfungen allerdings war das Verladen eine ebenso nervenaufreibende wie zeitraubende Prozedur. Pedro weigerte sich grundsätzlich vorwärts zu gehen, sobald seine Besitzerin sich mit ihm auch nur in Richtung Verladerampe bewegte.

Pedro war im Prinzip ein ausgeglichenes Pferd mit guten Turniererfolgen in Dressurprüfungen. Offenbar waren die Wettbewerbe für ihn jedoch aufregender und verunsicherten das Pferd mehr, als seine Besitzerin vermutete. Ein Indiz für diese Vermutung war sein starkes Schwitzen nach den Prüfungen.

Diese Situation konnte durch die kombinierte Behandlung mit Akupunktur und Akupressur erfolgreich behoben werden: Pedro wird nun zuhause vor dem Verladen akupunktiert.

Nach der Prüfung akupressiert die Besitzerin Dü 3 und Le 3. Unterstützend wendet sie auch den Yin-Yang-Ausgleich an.

sinkt. Dabei empfiehlt es sich, im Abstand von drei Wochen nach der Erstbehandlung einer weitere Akupunkturbehandlung durchzuführen. Wird eine mechanische Blockade von starken Muskelverspannungen des umliegenden Gewebes begleitet, kann diese häufig nicht ohne weiteres durch manuelle Techniken gelöst werden, beim Pferd oftmals im Bereich des Widerristes. In diesen Fällen empfiehlt sich die Akupunktur als lokale Vorbereitung auf die manuelle Behandlung. Das gezielte Setzen der Nadeln bewirkt eine Entspannung der Muskulatur, so dass sich sofort im Anschluss die Blockade lösen lässt.

Bei der Überlegung, welche Therapie in der Abfolge den Vorrang hat, spielt das Schmerzgeschehen des Patienten eine wichtige Rolle. Häufig äußern sich Blockaden im Wirbelsäulenbereich durch Steifheit und mangelnde Elastizität, ohne dass Schmerzen auftreten. Stehen diese funktionellen Einschränkungen im Vordergrund, ist primär die manuelle Behandlung angezeigt.

Steht allerdings eine starke Schmerzsymptomatik im Vordergrund, unter Umständen in Verbindung mit Muskelverspannungen und Entzündungen, müssen erst diese Schmerzzustände durch Akupunktur beseitigt werden.

Fazit

Akupunktur und manuelle Behandlungsmethoden werden in der Tiermedizin erfolgreich angewendet. Voraussetzung ist immer eine fachkundige klinische Untersuchung des Patienten. Um die einzelnen Therapieformen effektiv zu kombinieren, muss das Alter des Tieres, das Schmerzgeschehen sowie die Bewegungseinschränkung kritisch beurteilt werden.

Bioresonanztherapie

Die »patienteneigenen« Schwingungen lassen sich mit speziellen Elektroden vom Körper des Patienten abgreifen. Diese Signale werden dann über ein Kabel an ein technisches Therapiegerät weitergeleitet.

Die Bioresonanztherapie ist eine sehr junge Therapieform, die Ende der 70er Jahre des vergangenen Jahrhunderts von dem Arzt Franz Morell und dem Elektroingenieur Erich Rasche entwickelt wurde. Sie gingen dabei von der Erkenntnis aus, dass jeder Organismus, jede Zelle und jede Substanz ein einmaliges elektromagnetisches Schwingungsspektrum hat.

Grundsatz der Bioresonanztherapie ist die Annahme, dass der Körper von Mensch und Tier von einem schwachen, aber messbaren elektromagnetischen Feld durchdrungen und umgeben ist. Bei Erkrankungen, Stoffwechselstörungen, Infektionen oder starken Belastungen mit Schwermetallen verändern sich diese harmonischen Schwingungen und es entstehen so genannte Störschwin-

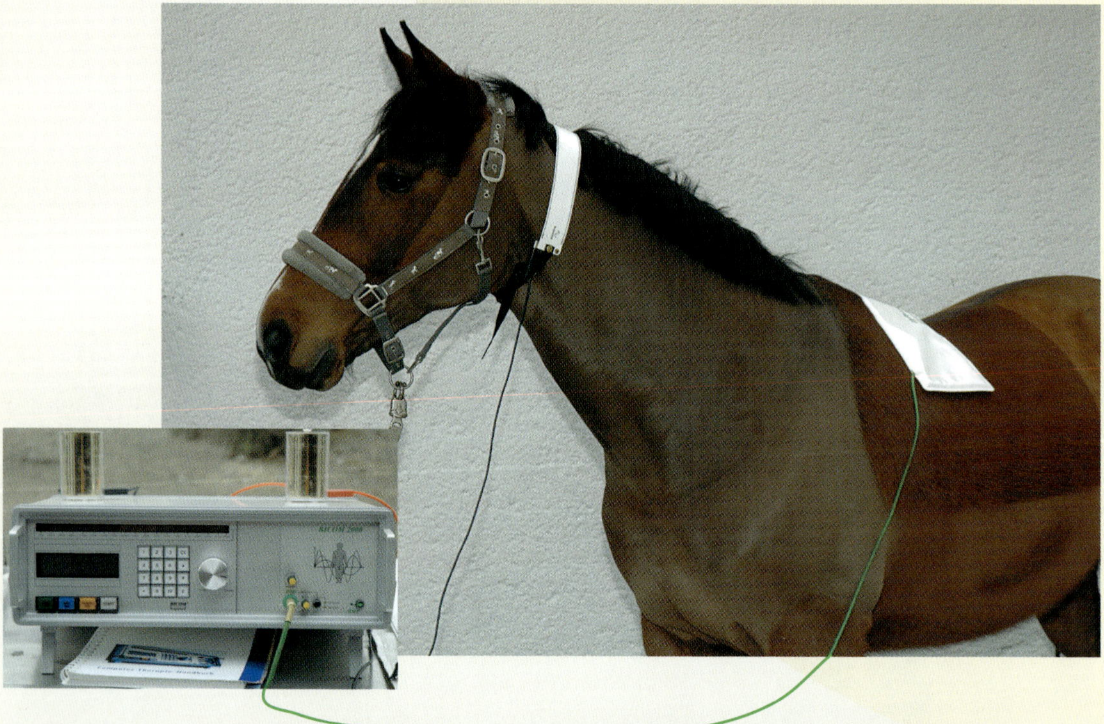

gungen, die im Sinne der Bioresonanztherapie den Beginn einer Erkrankung signalisieren.Diese Schwingungen sollen an den Akupunkturpunkten und Meridianen messbar sein.

Ziel ist es, krankmachende Einflüsse zu vermindern, und dadurch die körpereigenen Regulationskräfte zu fördern.

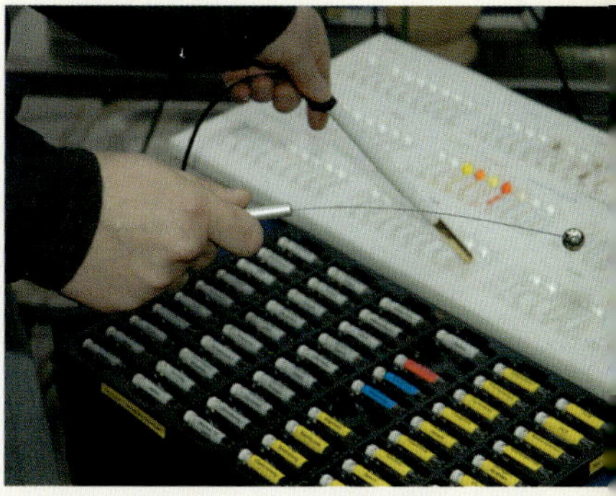

Eine ganze Bandbreite möglicher Störungsursachen wird ausgetestet.

Heilung durch Umkehr der Schwingungen

Morell und Rasche entwickelten ein Gerät, dass die Störschwingungen der Patienten mittels Elektroden, die dem Patienten angelegt werden, erfassen kann. Diese Schwingungen werden in einem Umpolungsvorgang so verändert, dass sie als therapeutische Eigenschwingungen bei der Behandlung wieder in den Körper zurückgeführt werden können. Dazu versucht der Therapeut im ersten Therapieschritt mit einem speziellen Testverfahren herauszufinden, ob und welche Unverträglichkeiten bestehen, ob bestimmte Organe geschwächt sind oder ob Giftstoffe Einfluss auf den Körper des Tieres haben. So können in vielen Fällen die Ursachen von Beschwerden herausgefunden werden.

Die Therapie erfolgt in der Regel in mehreren Behandlungen. Eine Bioresonanzbehandlung dauert gewöhnlich zwischen fünf und 20 Minuten.

Bioresonanztherapie

kann eingesetzt werden bei

- »ausgepowerten« Pferden zur Steigerung der Lebensenergie
- Lahmheiten
- inneren Erkrankungen
- Allergien (Sommerekzem, Futterunverträglichkeiten)

Reiki – die universelle Heilenergie

Da »Reiki« ein japanisches Wort ist, wird es durch Bilder repräsentiert. »Rei«, die obere Hälfte des Zeichens, bedeutet »universal«, »Ki«, die untere Hälfte, bedeutet (Lebens-)Kraft.

Die Wurzeln des Reiki liegen in verschiedenen jahrtausendealten Traditionen. Den Ursprung vermutet man in Tibet. Begründer des modernen Reiki ist Mikaomi Usui, der in Tokio Anfang des letzten Jahrhunderts die »Usui-Reiki-Heilungs-Gesellschaft« gründete. Mitte des 20. Jahrhunderts wurde Reiki über Hawai auch in den USA und von dort in der gesamten westlichen Welt bekannt. Neben freien Reiki-Lehrern gibt es heute zwei große Reiki-Organisationen, die »Reiki-Alliance« und die »Radiance-Technique«. Die meisten Reiki-Lehrer in den USA und in Europa kommen aus einer dieser beiden Schulen.

Bei der Reiki-Ausbildung lernt man, »Qi« zu konzentrieren und weiterzuleiten. Qi, die kosmische Lebenskraft oder auch »Urenergie«, die – vereinfacht gesagt – gebündelt über eine Art Kanal in den Körper geleitet und über die Meridiane verteilt wird.

Qi ist die grundlegende Ursubstanz für alle Organe und Funktionseinheiten. Durch Funktionsstörungen kann es im Energiesystem zu Blockaden kommen. Nach fernöstlicher Auffassung ist jede Form der Krankheit eine »Transportstörung« innerhalb eines oder mehrerer Meridiane. Dadurch sind bestimmte Bereiche des Körpers mit Qi unterversorgt und die körpereigenen Abwehrkräfte geschwächt.

Der Empfänger von Reiki bleibt passiv, während der Gebende das Qi gezielt durch Hände und Finger auf Akupunkturpunkte oder schmerzende, krankhaft veränderte Stellen des Körpers weiterleitet. Reiki wirkt also ähnlich wie Akupunktur oder Akupressur: Grundlage ist das System der Chakren, Meridiane und Energiepunkte im Körper.

Durch Handauflegen wird Qi zugeführt, wodurch energetische Blockaden aufgelöst werden. Dabei werden sowohl vom Gebenden als auch vom Empfangenden physische Reize wie Wärme, Hitze, Kälte, Kribbeln oder ein Ziehen verspürt. Tiere, die mit Reiki behandelt werden, suchen meist von selbst den Kontakt der Hände

Wer Reiki gibt, überträgt durch Handauflegen Lebensenergie auf seinen Patienten.

dort, wo Qi benötigt wird. Haben sie genug, gehen sie von selbst weg.

Reiki stärkt die Selbstheilungskraft eines Organismus und reduziert die Anfälligkeit für Krankheiten. Somit ist es als Gesundheitsvorsorge zu sehen und unterstützt im Krankheitsfall eine medizinische Therapie. Die Wirkung einer Reiki-Anwendung ist technisch messbar. Sie wurde unter anderem an unabhängigen Instituten wie der Stanford University oder dem Institut für Bioenergetik in Wien wissenschaftlichen mit anerkannten Methoden überprüft.

Folgende Wirkungen wurden unter anderem festgestellt:

- Das Gehirn erzeugt verstärkt Alpha-Wellen (Entspannung).
- Atemgeschwindigkeit und Herzfrequenz vermindern sich.
- Der Blutdruck sinkt.
- Die Durchblutung verbessert sich.
- Es kommt zu einer allgemeinen Muskelentspannung.
- Das Gehirn wird vermehrt durchblutet.
- Der Anteil der für das Abwehrsystem wichtigen Lymphozyten im Blut nimmt zu.

Reiki ersetzt keinen Tierarzt oder Heilpraktiker, kann aber hervorragend als Zusatztherapie angewendet werden.

Da Pferd und Reiter sich gegenseitig oft stark beeinflussen, werden viele Beschwerden beim Pferd leider durch den Reiter verursacht. Beispielsweise wird starke Nervosität des Reiters auf das Pferd übertragen. Daher ist es oft sinnvoll, dass in dieser Symbiose sowohl Pferd als auch Reiter ganzheitlich behandelt werden.

Verhältnis zur klassischen Medizin und Grenzen

Reiki ist eine zusätzliche Behandlungsform , die gut mit medizinischen und anderen Therapien zu kombinieren ist, da sie harmonisierend und unterstützend wirkt. Keinesfalls ersetzt Reiki jedoch einen Tierarzt oder einen Heilpraktiker. Eine Zusammenarbeit ist daher in jedem Fall ratsam.

Ein gutes Beispiel ist eine Schnittwunde oder ein Knochenbruch. Reiki kann weder eine Wunde oder einen Bruch heilen. Man benötigt also zwingend einen Tierarzt. Aber zusätzlich zur tierärztlichen Behandlung kann Reiki durchaus erfolgreich eingesetzt werden. Auch bei Krebs-Erkrankungen können keine Wunder bewirkt werden. Reiki kann lediglich die Schmerzen lindern, das Immunsystem stärken und neuen Lebensmut geben.

Loveno

Ein Fallbeispiel von Monika Addy

Loveno, Jahrgang 1993, war einst ein hochdekoriertes Springpferd und sollte wegen mangelnder Leistungsfähigkeit »ausrangiert« werden, als er zu uns kam.

Der Westfale hatte eine beachtliche Krankengeschichte und diverse Phobien beim Longieren und Reiten. Nach knapp zwei Monaten ging es ihm Dank verschiedener Behandlungen mit Homöopathie, Reiki, Osteopathie und Huforthopädie deutlich besser.

Nach der Vermittlung in eine Pferdefamilie, die leider nicht glücklich verlief, haben wir Loveno wieder zu uns geholt, damit wir uns selbst jeden Tag um ihn kümmern konnten. Sein Zustand war damals kritisch und wir wussten nicht, ob wir ihn ein zweites Mal retten konnten. Tierarzt, Osteopath und Tierheilpraktiker kümmerten sich intensiv um ihn. Außerdem standen täglich vorsichtiges Gymnastizieren, Spaziergänge, Spielstunden mit seinen Freunden, Massagen, Reiki und Hufpflege auf seinem Programm. Alles in Kombination brachte letztendlich den gewünschten Erfolg: Wir haben es geschafft und auch von der Tierärztin »grünes Licht« bekommen, dass Loveno weiterleben kann.

Seitdem macht unser »sanfter Riese«, wie wir ihn nennen, einfach ganz viel Freude und bewohnt mit seiner Pferdekollegin Laika einen Offenstall auf einer großen Weide.

Loveno (re.) und Laika (li.) genießen die Reiki-Behandlungen und das Leben im Offenstall.

Verschiedene Verfahren im Überblick

Akupunktur

Die Akupunktur ist Teil der TCM (Traditionell Chinesischen Medizin) und wirkt auf dem Gebiet der Energetik. Bei der Behandlung werden Akupunkturpunkte mittels Nadeln stimuliert. Ein Schwerpunkt der Akupunktur ist die Schmerztherapie. Die fernöstliche Heilmethode wird aber ebenso erfolgreich bei der Behandlung von inneren Erkrankungen wie Atemwegsproblemen oder Koliken, bei Verhaltenstörungen sowie als Rehamaßnahme nach Verletzungen und Operationen eingesetzt.

Akupressur

Nicht so intensiv wie die Akupunktur wirkt die Akupressur, bei der die Akupunkturpunkte durch Fingerdruck stimuliert werden. Die Akupressur kann im Gegensatz zur Akupunktur keine Krankheiten heilen. Da Akupressur im Gegensatz zur Akupunktur auch von medizinischen Laien ausgeführt werden darf, eignet sie sich oftmals als ergänzende Therapie, durch die der Pferdehalter die Gesundheit bzw. Genesung seines Pferdes unterstützen kann.

Akupunktur und Akupressur sind Teil der Traditionell Chinesischen Vetrinärmedizin (TCVM).

Aromatherapie

Körperliche und seelische Störungen werden mit essenziellen Ölen aus Pflanzen, Blüten, Wurzeln oder Samen behandelt. Ätherische Öle sind im Hnadel erhältlich. Für die Aromatherpaie dürfen ausschließlich natürliche Essenzen verwendet werden, keine synthtischen Öle.

Bach-Blütentherapie

Vertreter der Bach-Blütentherapie gehen davon aus, dass eine Erkrankung auf Grund einer seelischen Unstimmigkeit entsteht. »Behandle die Persönlichkeit und nicht die Krankheit«, lautet daher die Grundregel dieser Therapieform. Nach dem Begründer der Therapie Dr. Edward Bach lässt sich jedem negativen Gemütszustand eine Pflanze zuordnen, die diesen positiv beeinflusst. Bachbüten werden mit anderen Behandlungsmethoden kombiniert und zum Beispiel eingesetzt, um Pferde in Stress-Situationen zu beruhigen.

Bioresonanztherapie

Das Verfahren wurde 1977 entwickelt und beruht auf der Vorstellung, dass jeder Organismus ein elektromagnetisches Schwingungsspektrum erzeugt. Körperliche Veränderungen und belastende äußere Einflüsse können dieses Spektrum stören, wodurch so genannte Störschwingungen entstehen. Sie sind im Sinne dieser Therapie der Beginn einer Erkrankung. Ziel der Bioresonanztherapie ist es, die körpereigenen Regulationskräfte zu stärken.

Mit Hilfe der Bioresonanztherapie spürt die Therapeutin mögliche Krankheitsursachen auf.

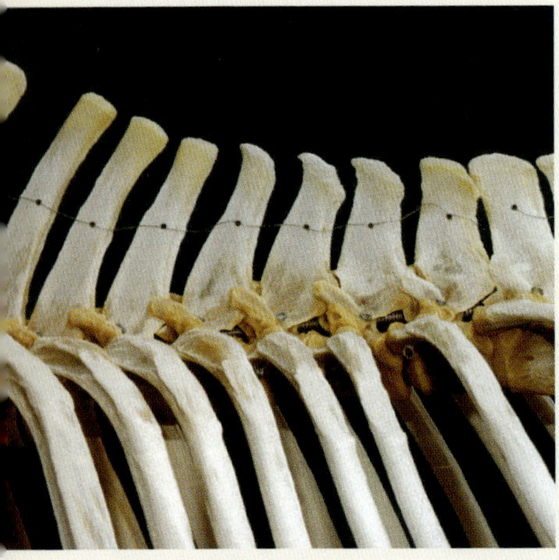

Die Wirbelsäule steht im Mittelpunkt der Chiropraktik.

Chiropraktik

Bewegungseinschränkungen von Wirbeln und Gelenken des Pferdes können beispielsweise Ursache für diffuse Lahmheiten, Steifheiten oder Widersetzlichkeiten gegen die Reiterhilfen sein. Mit Hilfe manueller Heilmethoden, zu denen u.a. die Chiropraktik zählt, lassen sich solche Blockierungen oftmals aufspüren und behandeln. Durch bestimmte Mobilisations- und Manipulationstechniken werden Wirbel- und Gelenkblockierungen gelöst, so dass die Gelenke ihre natürliche Beweglichkeit und Funktion zurückgewinnen. Hauptaugenmerk der Chiropraktiker liegt auf den Wirbelsäulengelenken.

Elektrotherapie

Elektrischer Strom kann in vielerlei Weise Einfluss auf den Körper nehmen, zum Beispiel bei Muskelstörungen, in der Schmerztherapie oder bei der Behandlung innerer Erkrankungen wie chronischer Bronchitis. Bei den sogenannten direkten Methoden wird der Strom über Elektroden dem Körper zugeführt. Bei den indirekten Methoden kommen elektromagnetische Felder oder Hochfrequenzwellen zum Einsatz. Die Elektrotherapie wird meist als Ergänzung zu anderen Therapien eingesetzt.

Gegensensibilisierung

Die Gegensensibilisierung ist eine nach Theurer (1987) modifizierte Eigenbluttherapie. Sie kann überall dort angewendet werden, wo eine allergisch bedingte Erkrankung vermutet wird, ohne, dass eine Allergentestung notwendig ist. Das Prinzip der Gegensensibilisierung besteht darin, dass das eigene Blut des Patienten nach einem speziellen Verfahren so verändert wird, dass alle Antikörper durch Zusatz von kolloidalen Komplexverbindungen aus Aluminiumhydroxyd und Kieselsäure konserviert und durch Phenol stabilisiert werden. Das fertige Präparat wird dem Patienten gespritzt und bewirkt eine Anregung des Immunsystems, wodurch Antikörper gegen die im Körper befindlichen Antikörper, die für eine Überreaktion des Immunsystems verantwortlich sind, gebildet werden.

Homöopathie

Ziel der homöopathischen Therapie ist es, Befindlichkeitsstörungen zu beseitigen und die Selbstheilungskräfte des Körpers zu aktivieren. Ausgangsstoffe homöopathische Heilmittel, die in potenzierter (verdünnter) Form verabreicht werden, sind Pflanzen sowie Elemente mineralischen und tierischen Ursprungs. Die Homöopathie basiert auf der ganzheitlichen Betrachtung des Patienten und seiner Erkrankung. Dabei entwickelt der Homöopath für jeden Patienten ein individuelles Gesamtmuster der Störungen. Die homöopathische Therapie bringt daraufhin dieses Gesamtmuster mit einem Ähnlichen Muster, das füär ein Heilmittel typisch ist, in Übereinstimmung. Dieses sogenannte Ähnlichkeitsprinzip ist ein Grundsatz der Homöopathie.

Homöopathische Arzneien können als Globuli, Tabletten oder Tropfen verabreicht werden.

Humoraltherapie

Zu den Humoraltherapien zählen Therapien, die auf die Körperflüssigkeiten, also Blut, Lymphe, Schweiß, Urin, Schleim etc., wirken. Bekannte Therapieformen, sogenannte ausleitende Verfahren, sind der Aderlass, eingesetzt bei Hufrehe oder Kreuzverschlag, das Schröpfen oder der Einsatz von Blutegeln, zur Behandlung von Ödemen. Zu den ableitenden Verfahren, die Körperflüssigkeiten vor dem Ausleiten verteilen, zählen schweißtreibende oder harntreibende Methoden aus dem Bereich der Phyto- oder Hydrotherapie.

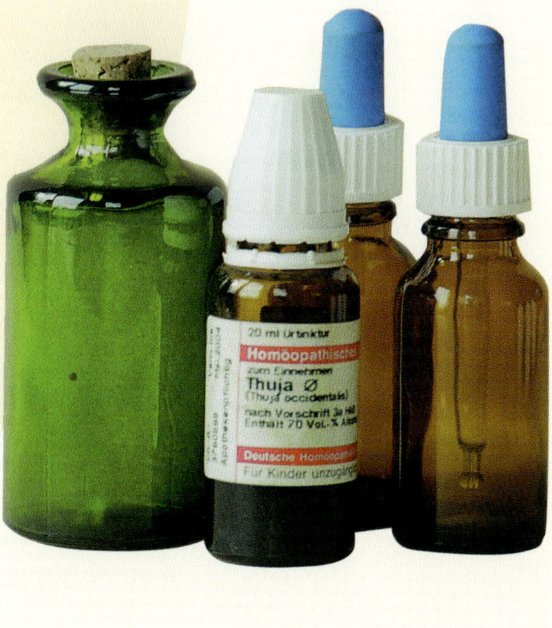

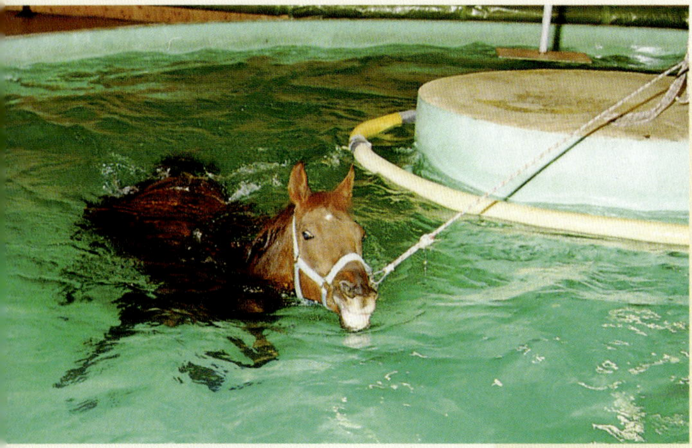

Schwimmen trainiert Herz und Kreislauf ohne den Bewegungsapparat zu belasten.

Hydrotherapie

Von jeher wurde Wasser zu Heilzwecken eingesetzt. Als Väter der Wickel und Güsse sind Vincenz Priessnitz und Sebastian Kneipp bekannt. Wasseranwendungen werden in verschiedenen Formen beim Pferd durchgeführt, zur Entspannung nach dem Training oder zur Verbesserung der Durchblutung. Die Praxis der Wickel findet überall dort Anwendung, wo Krankheitsstoffe ausgeschieden werden sollen, die Blutzirkulation reguliert und der Organismus gekräftigt werden soll. Bei Erkrankungen der Atemwege sind Priessnitzsche Wickel eine der gebräuchlichsten Formen.

Kinesiologie

Kinesiologen spüren über den Muskeltest Erkrankungen der Organe, Bewegungseinschränkungen der Gelenke oder Energiestauungen auf. Der Muskeltest basiert auf den Erkenntnissen des Begründers der angewandten Kinesiologie George Goodheart, dass jeder große Muskel über das Meridian-System mit einem Organ bestimmten verbunden ist. Für die Diagnose übt der Kinesiologe gezielt Druck auf einen Muskel aus und erhält durch dessen Reaktion Informationen über den Gesundheitszustand des entsprechenden Organs. Als Zeichen für Gesundheit wertet der Kinesiologe die natürliche Reaktion des Muskels in Form eines Anspannens, um dem ausgeübten Druck standzuhalten mit anschließender Entspannung. Eine Störung liegt immer dann vor, wenn der Patient nicht in der Lage ist, dem Druck standzuhalten oder wenn er zwar gegendrücken kann, der Muskel danach aber in der Anspannung bleibt, anstatt sich wieder zu entspannen. Zur Therapie der aufgespürten Krankheiten setzen Kinesiologen verschiedene Therapien von Akupunktmassage über Bachblüten, Homöopathie sowie manuelle Behandlungsformen ein.

Lasertherapie

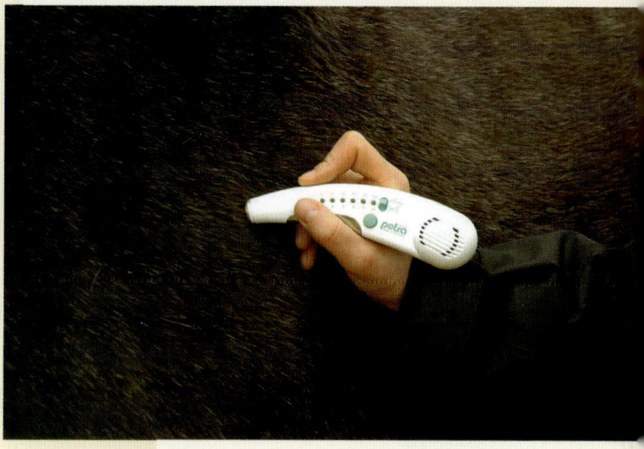

Laserbehandlung

Laser zeichnen sich dadurch aus, dass sie Licht nur exakt einer Wellenlänge abgeben, dieses Licht absolut synchron schwingt, extrem gebündelte und sehr energiereich ist. Die Behandlung mit dem Softlaser findet in der Medizin zahlreiche Anwendungsgebiete, dabei können sowohl Akupunkturpunkte als auch andere Körperstellen bestrahlt werden. Unter anderem fördert Lasertherapie die Wundheilung, besonders, wenn eine schnelle Belastbarkeit des Wundverschlusses erreicht werden soll, oder die Wunde sich in einem schwer ruhigzustellendem Bereich befindet. Ebenso wird die lokale Lasertherapie bei Muskelzerrungen oder Muskelfaserrissen eingesetzt und ist außerdem bei infektiösen lokalen Entzündungen hilfreich. Durch das Lasern von Akupunkturpunkten lassen sich alle lokalen Laserbehandlungen in ihrer Effektivität noch weiter steigern.

Lymphdrainage

Mit massierenden Bewegungen wird das Lymphsystem angeregt, so dass überschüssige Lymphe abtransportiert werden kann und Schwellungen wie angelaufene Beine oder chronische Phlegmone abnehmen, ohne weiteren Einsatz von Medikamenten. Die manuelle Lymphdrainage ist in der Humanmedizin seit langem anerkannt. Für das Pferd ist eine wissenschaftlich erprobte Behandlungsstrategie seit 1999 am Hermann-Baum-Seminar der Medizinischen Hochschule in Hannover entwickelt worden.

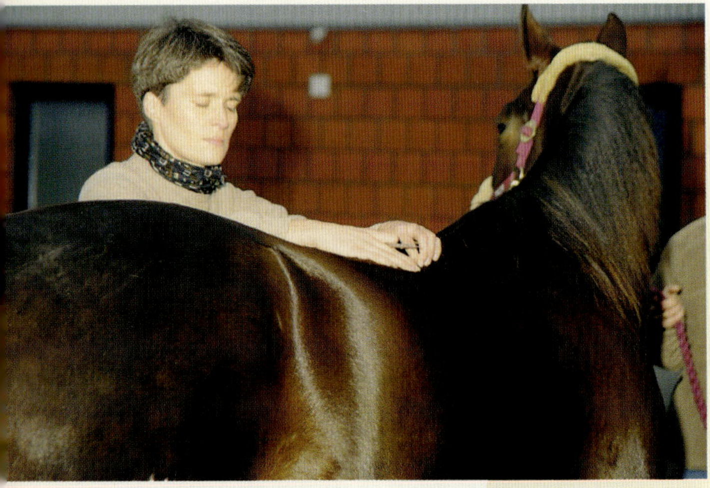

Mit den Händen spürt der Osteopath kleinste Bewegungsblockaden auf.

Osteopathie

Der Osteopath behandelt nicht vordergründige Symptome, sondern geht den Ursachen der Beschwerden auf den Grund. Die Osteopathie hat einen ganzheitlichen Ansatz und behandelt Bewegungseinschränkungen von Gelenken, Muskeln und Organen. Im Gegensatz zur Chiropraktik arbeitet die Osteopathie auch mit cranio-sakralen Techniken, mit denen die Hirnhautverbindungen vom Schädel zum Kreuzbein mobilisiert werden können.

Physiotherapie

Unter dem Begriff der Physiotherapie sind verschiedene manuelle Methoden wie Massagegriffe und Dehnungsübungen zusammengefasst, die einer Verbesserung der Beweglichkeit des Patienten dienen. Ziel einer physiotherapeutischen Behandlung ist die Verbesserung der Durchblutung und Elastizität von Muskeln, Sehnen und Bändern sowie ein verbesserter Abtransport der Stoffwechselprodukte und eine bessere Zirkulation der Lymphe. Oft werden in verschiedenen manuellen Behandlungsmethoden, wie Osteotherapie, Chiropraktik und Massage gleiche Techniken eingesetzt. Denn die Behandlungsziele der verschiedenen Therapieformen sind übergreifend und lassen sich nicht absolut gegeneinander abgrenzen. Trainings- und wettkampfbegleitend kommt die Physiotherapie nicht nur zur Behandlung zum Beispiel von Verspannungen und Zerrungen zum Einsatz, sondern hat ihre besondere Bedeutung in der Vorbeugung vor Verspannungen und Verletzungen.

Phytotherapie

Das große Gebiet der Phytotherapie, der Kräuterheilkunde, umfasst den Einsatz von Pflanzen und deren Bestandteilen zur Behandlung von Krankheiten. Unterschiedlich aufbereitet werden diese je nach Bedarf in Form von Tees, Tinkturen, Spülungen und Umschlägen verabreicht. Die Kräuterheilkunde ist eine der ältesten Heilmethoden, deren Wissen als Volksmedizin von Generation zu Generation überliefert wurde. Inzwischen ist die Beziehung zwischen den Inhaltsstoffen vieler Pflanzen und deren Wirkung wissenschaftlich nachgewiesen, so dass diese Erkenntnisse auch bei der Entwicklung schulmedizinischer Präparate einfließen.

Gegen viele gesundheitliche Beschwerden ist ein Kraut gewachsen. Vielseitig einsetzbar und zum Beispiel beliebt zur Entschlackung des Körpers ist die Brennnessel.

Allgemeine

Bundesverband für Tiergesundheit e.V. (BfT)
Aennchenplatz 6
D-53173 Bonn
Telefon: 0228/ 31 82 96
Telefax: 0228/ 31 82 98
www.bft-online.de

Bundesverband Tierschutz e.V.
Walpurgisstraße 40
D-47441 Moers
Telefon: 02841/2 52-44-46
Telefax: 02841 / 2 62 36
www.bv-tierschutz.de

Deutscher Tierschutzbund e.V. (DTschB)
Baumschulallee 15
D-53115 Bonn
Telefon: 0228 / 60 49 60
Telefax: 0228 / 6 04 96 40
www.tierschutzbund.de

Bei folgenden Institutionen können Sie schriftlich Adressen von Tierärzten anfordern, die sich auf bestimmte Heilverfahren spezialisiert haben:

Zentralverband der Ärzte für Naturheilverfahren e.V. (ZÄN)
Am Promenadenplatz 1
D-72250 Freudenstadt
www.zaen.de

Gesellschaft für ganzheitliche Tiermedizin e.V. (GGTM)
Geschäftsstelle
Dahlienstraße 15
D-53332 Bornheim-Waldorf
www.ggtm.de

Akupunktur

Informationen über Tierärzte mit Zusatzbezeichnung »Akupunktur« können bei den zuständigen Tierärztekammern angefordert werden.

Bach-Blütentherapie

Institute für Forschung und Lehre Mechthild Scheffer

Deutschland
Postfach 20 25 51
D-20218 Hamburg
Telefon: 0049 40 / 43 25 77 10
Telefax: 0049 40 / 43 52 53
info@bach-bluetentherapie.de

Österreich
Börsegasse 10
A-1010 Wien
Telefon: 0043 1 / 53 38 64 00
Telefax: 0043 1 / 5 33 86 40 15
bach-bluetentherapie@aon.at

Schweiz
Mainaustr. 15
CH-8034 Zürich
Telefon: 0041 / 13 82 33 14
Telefax: 0041 / 13 82 33 19
bach-bluetentherapie@swissonline.de

Bioresonanz
Institut für Regulative Medizin
Telefon: 089/8546102
www.regumed.de

Bioresonanztherapie
Praxis Dr. Gösmeier
Obersinsener Str. 74
D-45770 Marl
Telefon: 0171 / 225 38 81
Telefax: 0265 / 50 83 84
www.goesmeier.de

Chiropraktik
Gesellschaft für Veterinär-Chiropraktik
Waldweg 3
D-27419 Sittensen/OT Freetz
Telefon: 042 82 / 59 18 50
Telefax: 042 82 / 59 18 52
www.vet-chiropraktik.de

Fortbildung/Seminare
Zentrum für Ausbildung von Pferd und Reiter/Ganzheitliche Pferde-Rehabilitation/ Lehrinstitut für ganzheitliche Pferdegesundheit
EQUO VADIS
Dipl. Ing. agr. Karin Kattwinkel
Vethem 14
D-29664 Walsrode
Telefon: 051 66 / 93 00-20
Telefax: 051 66 / 93 00-21
www.equo-vadis.de
info@equo-vadis.de

Heilkräuter
Kräuterwiese Wichert
Kräuterspezialitäten für Tiere
Fasanenweg 11a
D-28816 Stuhr

Homöopathie
Praktische Taschenapotheken, Etuis, Roll-Apotheken und Mappen mit kleinen Gläschen zum Befüllen bietet:

HOMÖOSET
Cordula Schaich-Tögel
Königstr. 92–94
D-89165 Dietenheim
Telefon: 073 47 / 91 90 06
www.homoeo-set.de
info@homoeo-set.de

Nützliche Adressen

Homöopathische Mittel unterliegen in Deutschland, Österreich und der Schweiz dem Arzneimittelgesetz. Sie erhalten Homöopathika in vielen Apotheken oder direkt bei den Herstellern:
Deutsche Homöopathische-Union
DHU-Arzneimittel GmbH
Ottostraße 24
D-76227 Karlsruhe

Staufen-Pharma Göppingen
Bahnhofstraße 33–35
D-73033 Göppingen

Magnetfeld-Systeme

Hippomed
Austmannshof 7
D-33803 Steinhagen
Telefon: 052 04 / 92 97-0
Fax: 052 04 / 92 97-17
www.hippomed.de

Sauna

Als ein Teil ganzheitlicher Pferde-Rehabilitation wird die Saunatherapie angeboten:
EQUO VADIS
Dipl. Ing. agr. Karin Kattwinkel
Vethem 14
D-29664 Walsrode
Telefon: 051 66 / 93 00-20
Telefax: 051 66 / 93 00-21
www.equo-vadis.de

Schüßler-Salze

Schüßler-Salze gibt es in vielen Apotheken oder direkt vom Hersteller:
Deutsche Homöopathische-Union
DHU-Arzneimittel GmbH
Ottostraße 24
D-76227 Karlsruhe
www.dhu.de

Infos und Seminare:
Biochemischer Bund Deutschlands e.V.
In der Kuhtrift 18
D-41541 Dormagen
Tel.: 021 33 / 7 20 03
biochemie-online.de
biochemie@bbdnet.de

Expertenverzeichnis

- **Addy, Monika**
Reiki
www.psychologie-tier.de

- **Bauer, Bianca**
Aromatherapie, Farbtherapie,
Edesteintherapie
www.t-im-o.de

- **Bichmann, Mirja
(Praxis Dr. med. vet. Gösmeier)**
Blutegeltherapie
www.goesmeier.de

- **Gösmeier, Dr. med. vet. Ina**
Akupressur, Akupunktur,
Bach-Blütentherapie, Schüßler-Salze
www.goesmeier.de

- **Kattwinkel, Dipl. Ing. Karin**
Sauna, Reiki
www.equo-vadis.de

- **Nendza, Nicole**
Physiotherapie, Massage
www.tierphysiotherapie-online.de

- **Schulze, Katja
(Praxis Dr. med. vet. Gösmeier)**
Bioresonanztherapie
www.goesmeier.de

Quellen

- Ambronn, Gerhard (Hrsg.)
Laser- und Magnetfeldtherapie in der Tiermedizin
Sonntag 1999

- Bruch, Dr. med. Cordula (Hg.)
Naturheilkunde
DuMont monte Verlag 2002

- Consilium CEDIP
Veterinaricum
CEDIP GmbH 1991

- Holena, Hilke
Kräuterheilkunde für Pferde
BLV 1997

Zum Weiterlesen

- Gösmeier, Dr. Ina
Akupressur
Kosmos Verlag 1999

- Gösmeier, Dr. Ina
Akupunktur
Müller Rüschlikon 2003

- Gösmeier, Dr. Ina; Heüveldop, Sabine
Homöopathie
Müller Rüschlikon 2004

- Heüveldop, Sabine
Atemwege
Müller Rüschlikon 2002

- Heüveldop, Sabine & Hackbarth, Annette
Alte Pferde
Müller Rüschlikon 2003

- Karp, Dr. Hans-Peter
Dr. Karps gesunde Pferdefütterung
Müller Rüschlikon 2004

- Künsberg, Isabella von
Bach-Blütentherapie
Harmonie und Wohlbefinden
für die Einheit von Pferd und Mensch
Müller Rüschlikon 2002

- Richter, Tanja
Massage
Müller Rüschlikon 2000

- Schmid-Neuhaus, Angelika
**Das große Fitnessprogramm
für Pferde**
Kosmos 2000

- Sonnenschmidt, Rosina
Farb- und Musiktherapie für Tiere
Sonntag Verlag 1996

- Stammer, Stefan
Physiotherapie
Müller Rüschlikon 2004

- Vock, Britta
Mit Verständnis heilen
MV Verlag

- Vock, Britta
Reiki4all – Reiki für Tiere
MV Verlag

Hier ist Platz für Ihre eigenen Wohlfühl-Rezepte,
persönliche Adressen, Tipps und Ideen

Eigene Notizen

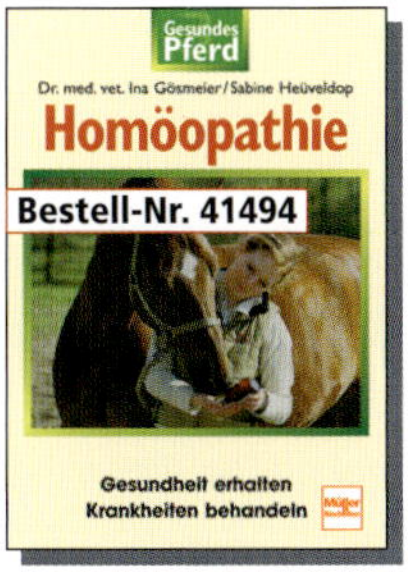

Wissen rund um die Pferdegesundheit

Über 1,7 Millionen Menschen reiten allein in Deutschland. Ihr vordringliches Interesse gilt natürlich der Gesundheit und dem Wohlbefinden ihres Pferdes. In den Büchern unserer renommierten Reihe »Gesundes Pferd« findet jeder Reiter und jeder Pferdebesitzer den richtigen Ratgeber.

Die erfolgreiche Serie wird laufend erweitert und kostet pro Band
€ 16,–/sFr 28,60/€(A) 16,50

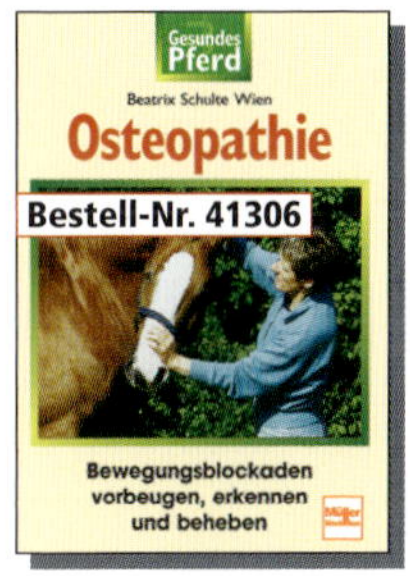

Ihr Verlag für Pferde-Bücher
Gewerbestraße 10, CH-6330 Cham
Telefon ++41(0)41 740 30 40
Telefax ++41(0)41 741 71 15
E-Mail: info@mueller-rueschlikon.ch

Müller Rüschlikon

Stand März 2006
Änderungen in Preis und Lieferfähigkeit vorbehalten